면세점 & 백화점

판매달인 중국어 회화

동인랑

여러분의 외국어 학습에는 언제나
동인랑이 성실한 동반자가 되어줄 것입니다.

면세점 & 백화점 중국어 세계에 오신것을 환영합니다.

★ 21세기 유망직종의 하나로 서비스 산업과도 관련이 있는 관광산업을 꼽는다. 관광 관련 직업의 종류는 서비스 산업의 다양화로 날로 다양해지고 있다. 관광업 관련 직업은 대학생들이 많이 선호하는 테마로, 외국어 능력을 가지고 있다는 것은 취업하는데 더욱 커다란 경쟁력이 아닐 수 없다.

한국을 찾는 중화권 관광객이 급증함에 따라, 문화관광부는 2020년까지 중국인 관광객 1000만명 시대를 열겠다고 선언했다. 그에 따라 외국인들을 대상으로 하는 호텔, 카지노, 백화점, 면세점 등의 업계에서도 중국 손님들은 물품구매의 큰 손으로 떠오르고 중국어 수요인력도 급증하고 있는 실정이다.

변화하는 시장의 수요에 맞추어 면세점 쪽으로 취업을 원하는 학생들은 날로 늘어나고 있지만 기존 중국어 교재들은, 여행이나 관광, 호텔과 관련된 교재가 많고, 특화된 관광서비스와 면세점에 관련한 전문적인 교재가 없었다.

그래서 본 교재는 면세점과 백화점에 초점을 맞추어, 실제 상황에서 중국인들에게 활용할 수 있는 중국어회화를 특화하여 구성하였다.

★ 본 교재구성은 아래와 같다.

첫째 면세점과 관련된 Q&A를 제시하여 독자들의 면세점에 대한 궁금증을 해소시켰다.

둘째 면세점에서 직접적으로 활용할 수 있는
면세점실무 중국어회화, 상황별 면세점 중국어표현을 제시하였다.

셋째 면세점에서 활용할 수 있는 유용한 단어, 면세점에서 필요한 상용 중국어와 더불어
〈부록〉 영어표현을 병기하여 각 상황에 따른 실천 대처 능력을 키울 수 있게 하였다.

본 교재가 면세점이나 백화점등의 실전상황에서 중국어를 사용하는 사람들에게 많은 도움이 될 수 있기를 바란다.

저자 남궁양석

》 이 책은 이렇게 활용하자

PART 1

면세점과 관련된 Q&A를 제시

면세점에 대한 궁금증을 해소하고,
면세점 취업에 대한 정보를 익혀보자.

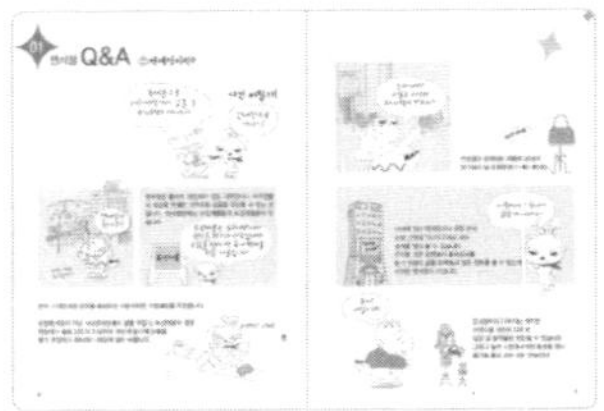

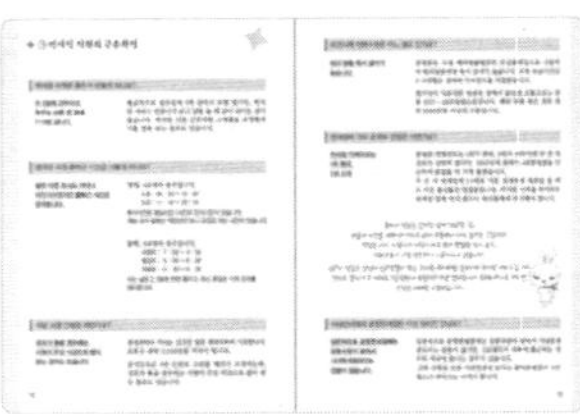

PART 2 **면세점 실무**

실전상황 중국어회화,
각 매장별 면세점 중국어표현을 제시

각 특성화 매장을 선정하여 실제대화를 통해서
면세점에서 실제 사용하는기초회화를 익혀보자.

PART 3 면세점 실무

상황별 중국어 회화와 표현

상용 중국어와 더불어 영어표현도 함께 익혀보자.

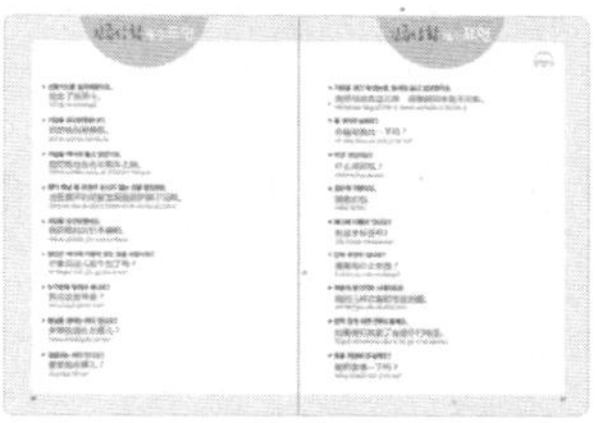

〈부록〉

면세점 실무용어 면세점 활용 필수영어-중국어 표현

Contents

PART 1 면세점 정보

PART 2 면세점 실무 **실전 상황 중국어회화** 〈매장별〉

PART 3 면세점 실무 상황별 **중국어회화** 〈필수표현 : 환전/긴급상황/물품구매〉

〈부록〉

PART 1

면세점 정보

면세점은 해외로 출국할 한국인이 이용할 수도
외국인이 한국에 와서 이용할 수도 있는 특수한 상점이다.
때문에 면세점에서 근무할 사람은 내국인과 외국인에게
면세점 이용에 대해 설명할 수 있을 만큼
잘 알고 있어야 한다.

면세점 Q&A를 통해
한국 면세점에 대해 알아보자.

01 면세점 Q&A ① 면세점이란?

면세점은 출국이 예정되어 있는 내국인이나 외국인들이 세금을 면제한 가격으로 상품을 구입할 수 있는 곳입니다. 면세점안에는 수입제품들과 토산제품들이 있습니다.

만약 시내면세점 근무를 희망하는 사람이라면 수입매장을 추천합니다.

공항면세점이 아닌 시내면세점에서 상품구입시, 토산제품을 파는 매장은 현장에서 물품 인도가 가능하여 계산과 동시에 상품을 빨리 포장해서 줘야하기 때문에 많이 바쁩니다.

면세점은 판매하는 제품에 관세가 부가되지 않기 때문에 가격이 쌉니다.

시내에 있는 면세점이나 공항 면세 상점 간판에 'DUTY FREE'라는 글자를 많이 볼 수 있습니다. 주의할 것은 공항에서 출국심사를 받기 전에도 공항 로비등에서 많은 점포를 볼 수 있는데, 이것은 면세점이 아닙니다.

면세점마다 다르기는 하지만 브랜드별 기간도 다르고, 일정 및 할인율은 변경될 수 있습니다. 그러나 일반 시중에서처럼 흥정을 해서 물건을 팔고 사는 곳은 아닙니다.

✦ ② 면세점 직원의 혜택

유니폼도 따로 나오고, 식대지원 중식제공, 셔틀버스비 등이 지원되고, 브랜드마다 급여 외에 판매 실적에 따른 인센티브제가 있습니다.

공항 면세점의 경우 공항직원으로 인정되기 때문에 항공 마일리지나
기타 공항 이용 혜택도 주어지니 공항을 이용할 때 많이 도움이 됩니다.

참고로
난 3개국어!

면세점 직원도 평상시에는
면세가로 구입할 수 없습니다.
단, 출국시 직원 고유번호로
추가 할인의 혜택을 받습니다.

hello 헬로!
你好吗 니하오마!
こんにちは 곤니치와!

대기업에 속해 있어, 복리후생 같은 것이 잘 되어 있습니다. 교육비를 지원해서 학원수강 할인 혜택이 주어지기도 합니다.

하지만, 인사이동으로 자신의 의지와 상관없이 매장을 옮겨 다녀야 합니다.

대기업이고 까다로운 선발절차를 거쳐 입사하니 급여는 파견사원에 비해 좋습니다.

직영사원은 2년 계약직으로 근무하다 정직으로 바뀝니다. 아낌없는 지원과 시스템이 체계적으로 구축되어 있습니다.

파견사원의 경우

파견사원은 면세점에 입점해 있는 브랜드 본사에서 뽑는 직원입니다. 각 브랜드에 있는 사람들 중에 대다수는 브랜드의 수입업체인 무역회사 소속 직원이라고 보시면 됩니다.

파견사원의 장점은 우선 상사가 없어서 남의 눈치를 볼 일이 없고, 한 가지 브랜드를 계속 담당할 수 있어서 선호하기도 합니다.

회사마다 다르기는 하지만 다른 면세점으로 로테이션 되는 경우는 종종 있습니다.

그리고 직영사원보다 급여는 적지만 점장으로 승진할 수 있는 기회가 많고 멀리까지 로테이션 되는 경우는 극히 드뭅니다.

대개 3개월 정도 수습기간을 마치면 정직원이 됩니다.

✦ ③ 면세점 직원의 근무환경

면세점 직원은 휴무가 어떻게 되나요?

주 5일제 근무이고 휴무는 보통 한 달에 7~8번 쉽니다.

평균적으로 일주일에 2번 쉰다고 보면 됩니다. 하지만 서비스 업종이다 보니 남들 놀 때 같이 쉬기는 쉽지 않습니다. 하지만 다른 근무자랑 스케줄을 조정해서 이틀 연속 쉬는 경우도 있습니다.

면세점 직원 출퇴근 시간은 어떻게 되나요?

일반 다른 회사도 어디나 마찬가지겠지만 출퇴근 시간은 엄격합니다.

첫째, 2교대의 경우입니다.

A조 : 09 : 30 ~ 18 : 30
B조 : 11 : 10 ~ 20 : 10

휴식시간은 점심시간 1시간과 간식시간이 있습니다.
계속 서서 일하는 직업이다 보니 교대로 쉬는 시간이 있습니다.

둘째, 3교대의 경우입니다.

아침조 : 7 : 00 ~ 4 : 00
중간조 : 9 : 00 ~ 6 : 00
저녁조 : 12 : 30 ~ 9 : 30

쉬는 날은 2, 3일에 한번 꼴이고, 대신 휴일은 거의 근무를 해야합니다.

직영 사원 연봉은 어떤가요?

성과가 좋을 경우에는 사원이 주임 이상으로 많이 받는 경우도 있습니다.

면세점마다 차이는 있지만 일단 계약직부터 시작합니다. 초봉은 대략 2,000만원 가까이 됩니다.

급여인상은 1년 단위로 고과를 매겨서 조정하는데, 성과가 좋을 경우에는 사원이 주임 이상으로 많이 받는 경우도 있습니다.

파견사원 연봉수준은 어느 정도 인가요?

해외 명품 쪽이 급여가 높습니다.

면세점은 크게 해외명품매장과 토산품매장으로 구분하며 해외명품매장 쪽이 급여가 높습니다. 보통 수습기간인 2~3개월은 급여의 70%정도를 지급받습니다.

회사마다 다르지만 면세점 경력이 없다면 초봉으로는 연봉 1500~1800만원수준입니다. 해외 명품 쪽은 최하 연봉 2000만원 이상의 수준입니다.

면세점의 규모 순위와 전망은 어떤가요?

면세점 전체규모는 1위 롯데, 2위 신라

면세점 전체규모는 1위가 롯데, 2위가 신라인데 두 곳 다 규모가 상당히 큽니다. 2010년에 롯데가 AK면세점을 인수하여 몸집을 더 크게 불렸습니다.
두 곳 다 면세업계 1,2위로 다른 면세점에 재취업 할 때도 이곳 출신들은 대접받습니다. 하지만 이직을 하더라도 면세점 업계 역시 좁으니 대인관계에 주의해야 합니다.

롯데의 장점은 면세점 업계 1위라는 것,
서울에 지점을 여러 개 가지고 있어 교통편이 아주 좋다는 것입니다.
단점은 어느 지점이나 사람이 매우 많고 번잡한 감이 있고,
직원교육이 아주 빈번하게 이루어지고 있습니다.
신라의 장점은 삼성과 신라호텔의 명성 그대로, 럭셔리한 분위기와 뛰어난 서비스입니다.
간식도 잘 나오고 식대도 1일 천원에 무한대라 다른 면세점에서 부러워하기도 하지만
단점은 애매한 교통편입니다.

시내면세점과 공항면세점은 어떤 차이가 있나요?

일반적으로 공항면세점에는 공항수당이 붙어서 시내면세점보다는 연봉이 많습니다.

일반적으로 공항면세점에는 공항수당이 붙어서 시내면세점보다는 연봉이 많지만, 3교대라서 새벽에 출근하는 경우와 저녁에 끝나는 경우가 있습니다.
근무 상황을 보면 시내면세점 보다는 공항면세점이 스트레스가 적다고도 이야기 합니다.

④ 면세점 직원의 채용정보

직영사원과 파견사원 채용 절차가 다른가요?

직영사원의 경우
신HSK 5급 이상을 요구,
파견사원의 경우
신HSK 4급 정도

직영사원의 경우는 본사 면접을 볼 때 주로 해당 면세점 지점의 지배인이나 주임에게 매장 면접을 보는데 좀 까다롭게 진행이 됩니다.

파견사원의 경우는 좀 간단한데, 서류 제출 후 합격이 되면 면접을 거쳐 바로 채용하는 경우가 많습니다.

면접 진행 방법과 질문은 어떤가요?

면접진행의 경우 시간이 많이 소요되며 일부러 까다로운 질문을 하기도 합니다.

임원진 면접이 차례대로 진행 됩니다.
대체로 임원진, 관리 지배인급 5명정도가 면접관으로 손님들의 불만에 대처하는 방법을 보려고 까다롭게 질문을 합니다.

또 면세점 규정(구입한도, 면세한도) 같은 것도 물어볼 수도 있으니 기본적인 것은 외워가면 좋습니다.

면세점에서 매니저가 되려면 어떤 과정이 필요한가요?

면세점 입사를 위해서는 기본적인 서비스 마인드와 외국어 실력을 쌓아야 합니다.

우선 기본적인 서비스 마인드와 외국어 실력을 쌓아야 합니다. 면세점에서 아르바이트한 경력이 있다면 유리하게 작용할 수 있으니 면세점 취업을 생각하는 사람들은 재학중에라도 면세점 아르바이트를 해 볼 것을 권합니다.

5년 정도 근무하면 매니저 직급을 얻을 수 있고, 해외출장의 기회도 주어집니다. 지배인을 생각하신다면 직영사원으로 입사하셔야 합니다.

면세점에서 근무하려면 어떤 것이 요구되나요?

중요한 것은 외국어 실력입니다. 어학 성적증명서가 필요합니다.

면세점에서 가장 유용한 외국어는 영어이지만, 다른 언어를 구사하면 더 좋습니다. 요즘은 특히 중국어 구사자들이 매우 환영받는 추세입니다.
영어는 기본 패턴 문형이 기본이지만 풍부한 표현을 사용할 수 있다면 좋습니다.

학력, 전공 등은 그다지 큰 문제가 되지 않습니다.
일반적으로 여성을 선호하지만 요즘은 남자들도 늘어나고 있습니다. 주로 매장 관리 쪽은 여자가 많고 기획, 관리 쪽은 남자가 더 많습니다.
키와 외모도 어느 정도 보기는 하나 그렇게 중요하지는 않습니다. **적극적이고 서비스 마인드가 강한 사람을 선호 합니다.**

면세점 취업경로는 어떻게 이루어지나요?

면세점 입사는 대부분 인맥을 통하는 경우가 많습니다.

지인 중에 적합한 조건을 가진 사람이 있으면 소개하는 경우가 대부분입니다. 여기서 '소개'라고 하면 채용계획이 있다고 알려주고 응시할 수 있도록 정보를 사전에 알려주는 입니다.
시험 없이 그냥 들어오는 경우는 절대로 없다고 보시면 됩니다.

면세점 취업시기와 자격조건은 어떻게 되나요?

학점은 그렇게 중요하지는 않지만 외국어 실력, 외모와 언행을 많이 보는 편입니다.

결원이나 신규오픈일 경우에 채용하므로 수시 채용이 기본이라고 할 수 있습니다.
일본어 기본조건은 JPT 550이상, JLPT 2급이상, 중국어는 주로 신HSK 4급 ~5급 정도를 요구하는 것이 보통입니다.

면세점 직원은 외모를 어느 정도 보나요?

밝은 인상과 깔끔한 이미지

고객을 응대하는 직업이라 외모가 중요하기는 하지만 그렇게 크게 작용을 하지는 않습니만
중요한 것은 밝은 인상과 깔끔한 이미지입니다.
그러나 수입 브랜드 쪽은 키와 외모를 보기도 합니다.

면접 복장은 어떻게 준비하는 것이 좋은가요?

여자의 경우, 눈에 띄는 염색머리나 파마머리 큰 악세사리는 안 되고 긴 머리는 망으로 고정
남자의 경우, 단정한 양복이면 무난

남녀 불문하고 용모는 단정해야 하지만 복장은 꼭 정장으로 갖춰 입을 필요는 없습니다.

여자의 경우, 치마든 바지든 크게 상관은 없지만,
바지의 경우 청바지나 너무 캐주얼한 소재는 피하는 것이 좋습니다,
남자의 경우, 단정한 양복이면 무난합니다.서비스직이다 보니 운동화는 삼가는 것이 좋습니다.
적당히 세미정장스타일로 포멀하게 입으셔도 됩니다.

면세점 직원채용 정보는 어디서 얻을 수 있나요?

현재 국내에서 면세점 판매직 취업정보를 가장 많이 접할 수 있는 곳은 크게 세군데정도

면세점 판매직 전문 취업사이트

샵마넷 www.shopma.net 면세점 정보 최다 보유사이트

취업포털 잡코리아 www.jobkorea.co.kr 취업포털싸이트 1위

다음 호텔코리아 cafe.daum.net/Hotelkorea

카페이외 알바몬, 아르바이트천국, 샵스태프 등등
이외에도 인천공항 홈페이지를 보시면 입주업체 채용정보가 올라옵니다.

면세점 직원의 자질은 무엇인가요?

판매원의 자질이 있는지 여부가 제일 중요

우선 외국어 능력은 기본으로 반영하고 판매원의 자질이 있는지 여부가 제일 중요합니다.
판매직의 자질은 부담 없는 인상, 고객을 상대하는 능력, 화술 그리고 서비스 마인드를 소지하고 있느냐를 들 수 있습니다.

면세점에서는 오래 근무가 가능한가요?

장기 근속 여부는 어디까지나 개인의 능력과 적성에 달려 있는 문제

면세점 근무는 처음에는 힘들지만 다니다보면 편하다고 느끼는 사람들이 많이 있습니다.

장기 근속 여부는 어디까지나 개인의 능력과 적성에 달려 있는 문제입니다. 개별적인 능력이 어느 정도 뒷받침이 된다면 본인이 원하는 동안은 언제까지나 일자리를 유지할 수 있는 편입니다.

면세점은 1년마다 외국어 자격증을 갱신해야합니다.
롯데면세점에서는 외국어능력평가 시험을 봅니다. 면세점 근무 경험이 있는 사람들 가운데는 다시 또 다른 외국어를 보강하기 위해 일자리를 접고 1, 2년 타문화권으로 자기계발을 위해 떠나는 사람들도 있습니다.

면세점에서는 손님인척 나타나서
서비스를 체크하기도 해요.
그래서 언제나 서비스 마인드가
몸에 배어있어야 한답니다!

02 면세점 이용안내

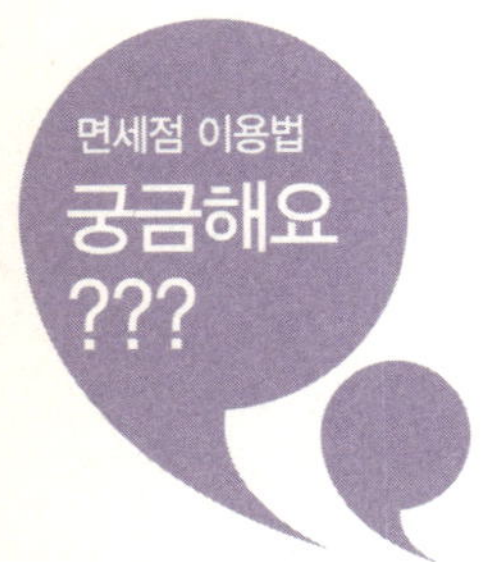

첫째 면세점 이용법은 왜 알아야 하나요?

해외 쇼핑은 우라나라 사람이나 외국인이나 해외 여행을 하는데 있어서 여행 지역의 정서와 민속 풍토, 아름다운 풍경에 심취하는 것 이외에 가장 큰 기쁨 중 하나죠.

이때 면세점을 효과적으로 이용하면 보다 경제적으로 쇼핑을 즐길 수 있죠.

둘째 면세점은 다 같은 면세점이 아닌 가요?

면세점은 크게 나누어 보면, 시내면세점, 공항면세점, 기내면세점, 인터넷면세점, 해외면세점 등이 있습니다. 각 면세점은 나름의 장, 단점이 있으므로 자신에게 맞는 면세점을 선택하여 구매하시면 됩니다.

셋째 각 면세점 마다 면세점을 공략하는 쇼핑 노하우가 있나요?

우리나라는 인터넷과 시내면세점의 경우,
출국 한 달 전부터 이용 가능합니다.
비행기 안에서 기내 면세점을 이용할 수 있으나
선택할 수 있는 품목이 많지 않으니 참고바랍니다.

면세점 이용안내

누가 이용하나요?

항공편 예약을 완료한 내국인과 외국인이 이용할 수 있습니다.

언제 이용할 수 있나요?

내국인은 보통 출국할 때만 이용할 수 있으며 입국할 때는 이용할 수 없습니다.

외국인은 한국 체류 기간 동안 한국의 면세점 어느 곳이나 이용 할 수 있습니다.

국내에서는 외화의 유출로 인한 국부의 유출을 막자는 취지로 공항입국장에도 면세점을 설치해 외화가 아닌 원화를 통해 면세품을 구매해야 한다는 의견이 압도적으로 많게도 나오고 있으나 현재는 이용불가입니다.

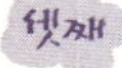

어디서 사야 되나요?

시내면세점, 공항면세점, 기내면세점, 인터넷면세점에서 구입할 수 있으며 같은 면세점이라도 상품이나 가격에 조금씩 차이가 있을 수 있습니다.

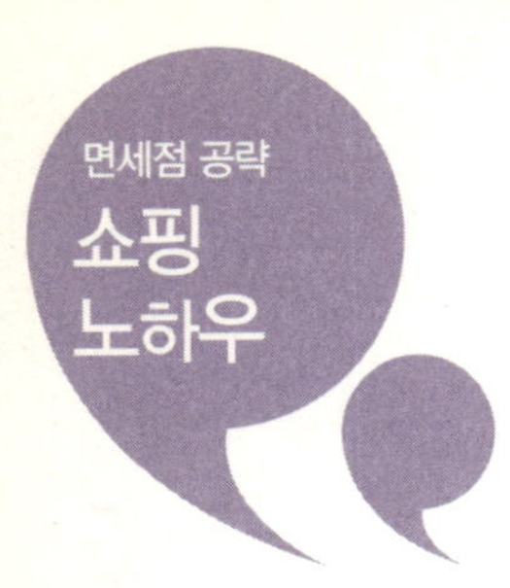

★ 시내면세점 ; 여권과 예약을 완료한 항공권 (항공기 편명과 탑승 시간만 알아도 됨) **필요**

다양한 상품을 직접 보면서 여유롭게 쇼핑할 수 있는 장점

한국인 또는 국내 체류중인 외국인이 한국내 시내면세점을 이용한다면 다양한 상품을 직접 보면서 여유롭게 쇼핑할 수 있는 장점이 있습니다.
각 면세점 별로 셔틀버스를 운행하는데, 시내면세점을 이용하려면 여권과 예약을 완료한 항공권 항공기 편명과 탑승 시간만 알아도 됨을 가져가야 합니다.
외국인의 경우 여권이 꼭 필요 하겠죠^^

- **이용방법** 면세점 입구에서 여권을 확인하고 구매 기록카드를 받아서 쇼핑하면 됩니다.
  구매기간은 출국하기 한 달 전부터 출국 전날까지 가능합니다.
  – 외국인의 경우 출국 전날까지 가능합니다.

- **장점** 시내면세점은 공항면세점과 함께 정기세일 및 각종 할인행사가 자주 있습니다.
  내국인이 해당 면세점에서 VIP카드를 만들면 추가 할인도 받을 수 있으며,
  시내면세점에서 물건을 구입하면 A/S를 쉽게 받을 수 있어 편리합니다.

- **단점** 시내면세점에서는 금액을 지불하고 물건을 바로 받을 수 없습니다.
  – 외국인의 경우 물건을 바로 받을 수도 공항에서 인도 받을 수도 있습니다.

- **결제** 원화나 미화, 엔화, 각종 신용카드로 계산이 가능한데 원화로 구입하는 것이 환율 부담이 없습니다. 달러나 신용카드로 구입할 경우 계산한 날짜를 기준으로 환율이 적용됩니다.
  – 외국인도 동일합니다.

- **물건찾기** 출국할 때 공항면세품 인도장에서 영수증이나 교환권, 여권을 보여주고 받으면 됩니다. 브랜드 별로 인도장 장소가 조금씩 다를 수 있는데, 상품 교환권을 넣어주는 봉투 뒤에 표시된 지도를 확인하시면 됩니다.

★ 출국전 공항면세점 ; 여권, 항공권 필요

공항면세점 규모가 크고 물건 선택 구입 편리 –물건을 바로 받음

공항면세점의 특징은 전 세계 공항에 다 있다는 것이고 물건을 선택 구입하기가 편리하고 빠릅니다. 몇몇 대형 국제공항면세점의 규모는 아주 큽니다. 인천국제공항 안에는 롯데면세점, 신라면세점, 한국관광공사면세점, DFS 서울, DUTY FREE KOREA 등이 있습니다.

- **이용방법** 공항 출국 심사 후, 항공기에 탑승하기 전까지 공항에 있는 보세구역 안에서 1~2시간 가량 면세점을 이용할 수 있는데 물건을 바로 받을 수 있습니다.
  – 공항면세점은 외국인이나 내국인이나 이용 방법은 동일 합니다.
- **장점** 물건을 바로 받을 수 있습니다.
- **단점** 여행 기간 내내 가지고 다녀야 하므로 부피가 크거나 무거운 물건은 될 수 있으면 피하는 것이 좋습니다.

★ 기내면세점 ; 여권, 항공권 필요

물건 종류가 적으나 귀국할 때 구입하면 물건을 들고 다니지 않아도 됨

거의 모든 항공사가 대한항공과 아시아나와 같은 기내면세점을 운영합니다.

- **이용방법** 대한항공과 아시아나항공 기내에서 판매하는 물품은 대략 150종입니다.

  품목은 대부분 화장품이나 패션 잡화, 주류 등으로 한정되어 있지만, 인기 품목은 대부분 구비되어 있습니다.
- **장점** 귀국할 때 기내면세점을 이용하면 여행기간 동안 물품을 가지고 다녀야 하는 수고로움을 피할 수도 있습니다.
- **단점** 인기품목은 조기 매진되는 경우가 많으니 항공사 홈페이지에서 판매 물품에 대한 정보를 보고 미리 예약하는 게 좋습니다.

★ 인터넷면세점

오프라인 매장보다 5% 정도 추가 할인

우리나라의 경우, 인터넷면세점은 국내에 외국인 등록이 된 외국인과 내국인만이 이용 가능합니다.

- **이용방법** 대부분의 면세점은 인터넷면세점도 함께 운영하고 있는데, 일반적으로 오프라인 매장보다 5% 정도 추가 할인됩니다.
- **장점** 저렴한 금액으로 상품을 구입할 수 있습니다.
- **단점** 인터넷 면세점은 직접 물건을 볼 수 없고, 제품의 종류가 다양하지 못한 게 흠입니다.
- **결제** 신용카드로만 할 수 있습니다.
- **물건찾기** 구입한 물건은 시내면세점처럼 면세품 인도장에서 받으면 됩니다.

★ 해외면세점

다양한 물품 – 1시간 내에 쇼핑을 끝마쳐야 함

- **이용방법** 주로 유행에 민감한 사람들이 많이 이용하는데 국내 면세점보다 다양하게 유명 브랜드 신제품이 들어오기 때문입니다. 그러나 1시간 내에 쇼핑을 끝마쳐야 하기 때문에 시간적인 여유가 많지 않다는 점입니다.
- **장점** 여행기간 동안 가지고 다닐 필요가 없어 해외에 자주 나가는 사람들이 많이 이용
- **단점** 구입한 상품에 하자가 있을 경우에는 교환하거나 환불이 어렵다는 단점이 있습니다.
- **결제** 국제신용카드나 달러로 하고, 신용카드를 이용할 경우 수수료가 붙고 소득공제 혜택은 받을 수 없습니다.

알면 유용한 TIPS》

우리나라 사람은 일반적으로 해외면세점보다 국내면세점에 대한 쇼핑 만족도가 높은 편입니다. 왜냐하면 국내면세점의 경우, 우리나라 사람이 선호하는 제품이 많이 갖춰져 있고, 원화를 이용할 수 있고 각종 할인 행사도 자주 열리고 언어소통상 쇼핑에도 부담이 없기 때문입니다.

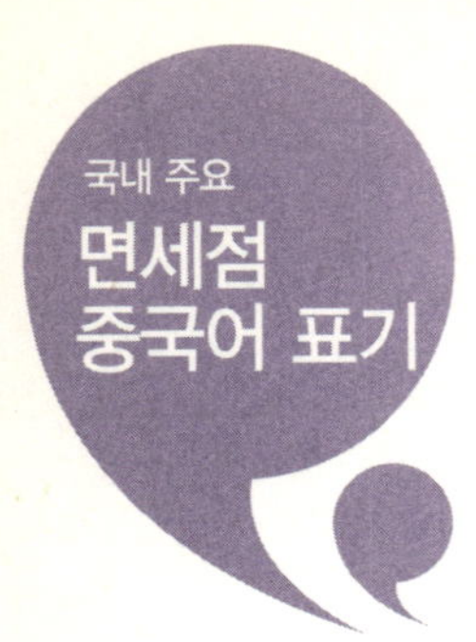

★ 국내 주요 면세점 중국어 표기

- 공항내 면세점 机场内免税店 Jīchǎng nèi miǎnshuìdiàn
- 한국관광공사면세점 韩国观光公社免税店 Hánguó guānguāng gōngshè miǎnshuìdiàn
- DFS면세점 Discover DFS
- 롯데김포공항면세점 乐天金浦机场免税店 Lètiān Jīnpǔ jīchǎng miǎnshuìdiàn
- 롯데인천공항면세점 乐天仁川机场免税店(LOTTE) Lètiān Rénchuān jīchǎng miǎnshuìdiàn
- 신라인천공항면세점 新罗免税店(THE SHILLA) Xīnluó miǎnshuìdiàn

★ 시내면세점 중국어 표기

- 동화면세점 东华免税店(DONGHWA) Dōnghuá miǎnshuìdiàn
- 워커힐면세점 华克山庄免税店(WALKERHILL) Huákè shānzhuāng miǎnshuìdiàn
- 롯데호텔 로비면세점 乐天饭店大堂免税店(DFS at LOTTE HOTEL Lobby) Lètiān fàndiàn dàtáng miǎnshuìdiàn
- 롯데월드면세점 乐天世界免税店(DFS at LOTTE WORLD) Lètiān shìjiè miǎnshuìdiàn
- 롯데월드면세점 본점 乐天百货免税店总店(LOTTE DFS main store) Lètiān bǎihuò miǎnshuìdiàn zǒngdiàn
- 신라면세점 新罗免税店(THE SHILLA) Xīnluó miǎnshuìdiàn
- 롯데COEX면세점 乐天COEX免税店 Lètiān COEX miǎnshuìdiàn

동화 면세점은 중국 관광객들에게 잘 알려져 있지 않지만,
한국에서는 우대가 가장 많고, 가격이 가장 싸다는 점이 있습니다.
그러나, 물건의 종류는 다른 곳에 비해 많지 않습니다.
롯데, 코엑스 면세점은 국내에서 가장 큰 규모의 면세점으로 알려져 있습니다.

★ 국내면세점 홈페이지

- 롯데면세점 www.lottedfs.com
- 동화면세점 www.dutyfree24.com
- 신라면세점 www.dfsshilla.com
- 워커힐면세점 www.skdutyfree.com
- 파라다이스면세점 www.paradisemall.co.kr
- 롯데코엑스면세점 kr.lottedfs.com
- 제주JDC내국인면세점 www.jdcdutyfree.com

알면 유용한 TIPS》

한국의 면세점에는 어떤 상품이 있나요?

면세점에서 주로 파는 것은 한국홍삼, 인삼, 인삼사탕, 인삼주, 인삼 초코렛, 유자차, 전통젓가락, 한국특산의 토산품, 기념품, 세계명품 등이 있습니다.
그리고 세계 정상급의 명품 화장품, 시계 등 한국의 인천공항 면세점에는 외국의 다른 유명 공항의 면세점과 비교해 뒤지지 않는 상품을 가지고 있습니다.

PART 2

면세점 실무 중국어회화

면세점에서 직접적으로 활용할 수 있는
면세점실무 중국어회화, 상황별 면세점 중국어표현을
제시하였다

자! 우리 모두 이제부터 본격적으로 실제 상황에서 벌어지는
중국어 회화를 공부해 봐요 ~ 짜요! ~~~

01 가방매장

Part 2
면세점 실무 중국어회화

01 실전 상황

점원 뭐 사시려고요?

샹 마이 뎬 선 머?

想买点什么?

Xiǎng mǎi diǎn shénme?

고객 핸드백을 찾고 있습니다.

워 짜이 자오 서우 티 바오

我在找手提包。

Wǒ zài zhǎo shǒutíbāo.

어떤 것이 신상품이죠?

나 거 스 신 상스 더

哪个是新上市的?

Nǎ ge shì xīn shàngshì de?

점원 저기 있는 것 모두 신상품입니다.

나 볜 더우 스 신 상스 더

那边都是新上市的。

Nà biān dōu shì xīn shàngshì de.

고객 저 가방을 볼 수 있을까요?

워 넝 칸 이 샤 나 거 바오 마

我能看一下那个包吗？

Wǒ néng kàn yí xià nà ge bāo ma?

점원 여기 있습니다.

게이 닌

给您。

Gěi nín.

고객 다른 스타일이 있나요?

유 볘 더 콴스 마

有别的款式吗？

Yǒu bié de kuǎnshì ma?

점원 다른 것도 있습니다.

하이 유 볘 더

还有别的。

Hái yǒu bié de.

고객 작은 것이 있나요?

유 샤오 이뎬 더 마

有小一点的吗？

Yǒu xiǎo yì diǎn de ma?

점원 작은 것도 있습니다.

예 유 샤오 더

也有小的。

Yě yǒu xiǎo de.

고객 열쇠가 달린 것 있나요?

유 다이 야오스 더 마

有带钥匙的吗？

Yǒu dài yàoshi de ma?

점원 여기 열쇠달린 것이 있습니다.

저얼 유 다이 야오스 더

这儿有带钥匙的。

Zhèr yǒu dài yàoshi de.

고객 이 가방은 진짜 가죽인가요?

저 거 바오 스 전 피 더 마

这个包是真皮的吗?

Zhè ge bāo shì zhēn pí de ma?

점원 네, 진짜 가죽으로 만든겁니다.

스 전 피 쭤 더

是真皮做的。

Shì zhēn pí zuò de.

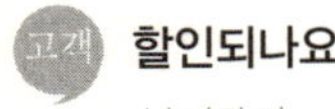

고객 할인되나요?

넝 다저 마
能打折吗？
Néng dǎzhé ma?

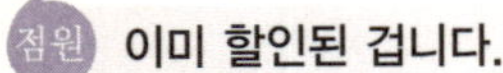

점원 이미 할인된 겁니다.

이징 다 궈 저 러
已经打过折了。
Yǐjīng dǎ guò zhé le.

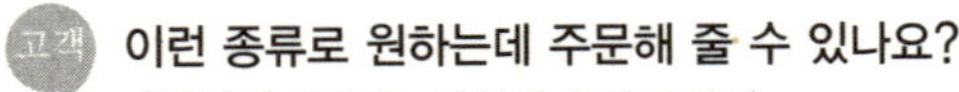

고객 이런 종류로 원하는데 주문해 줄 수 있나요?

워 주 야오 저 이 중, 니 넝 방 워 딩 이 샤 마
我就要这一种，你能帮我订一下吗？
Wǒ jiù yào zhè yì zhǒng, nǐ néng bāng wǒ dìng yí xià ma?

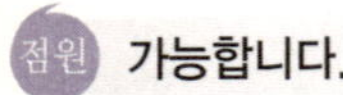

점원 가능합니다.

넝
能。
Néng.

고객 시간이 얼마나 걸리나요?

쉬야오 둬 창 스젠
需要多长时间？
Xūyào duō cháng shíjiān?

점원 2~3일 정도요.

량 싼 톈 쭤유
两三天左右。
Liǎng sān tiān zuǒyòu.

고객 중국 이 주소로 보내줄 수 있나요?

니 넝 게이 워 지 다오 중궈 더 저 거 디즈 마
你能给我寄到中国的这个地址吗？
Nǐ néng gěi wǒ jì dào Zhōngguó de zhè ge dìzhǐ ma?

점원 가능합니다.

커이
可以。
Kěyǐ.

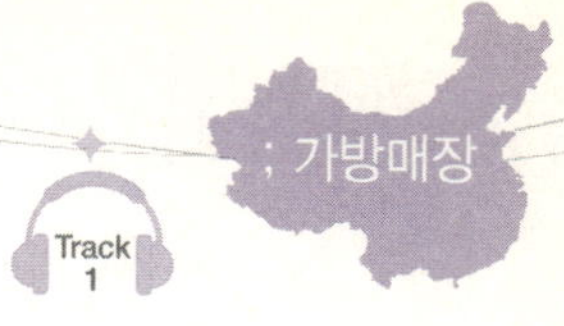

항공운송은 얼마면 중국에 도착하나요?

쿵윈 둬 주 넝 다오 중궈

空运多久能到中国?

Kōngyùn duō jiǔ néng dào Zhōngguó?

점원 1주일정도 걸립니다.

이 거 싱 치 쭤 유

一个星期左右。

Yí ge xīngqī zuǒyòu.

고객 좋습니다. 이런 종류로 3개요.

하오 더, 워 야오 싼 거 저 양 더

好的，我要3个这样的。

Hǎo de, wǒ yào sān ge zhèyàng de.

점원 또 다른 것이 필요하신가요?

하이 쉬야오 치타 더 마

还需要其他的吗？

Hái xūyào qítā de ma?

고객 아니요, 됐습니다.

부, 거우 라

不，够啦。

Bù, gòu lā.

점원 이것은 증정품입니다.

저 스 쩡핀

这是赠品。

Zhè shì zèngpǐn.

고객 감사합니다.

셰셰 니

谢谢你。

Xièxie nǐ.

별말씀을요.

부커치

不客气。

Búkèqì.

✦ 관련단어 ✦

- 새로 출시하다 新上市 xīn shàngshì
- 스타일, 디자인 款式 kuǎnshì
- 다른 것 别的 bié de
- 열쇠가 달리다 带钥匙 dài yàoshi
- 진짜 가죽 真皮 zhēn pí

- 할인하다 折扣 zhékòu
- 할인하다 打折 dǎzhé
- 특혜의, 우대의 优惠 yōuhuì
- 싸다 便宜 piányi
- 주문하다 定购 dìnggòu
- 필요하다 需要 xūyào
- ~쯤, 정도 ~左右 zuǒyòu

- 주소 地址 dìzhǐ
- 항공운송 空运 kōngyùn
- 충분하다 够 gòu
- 증정품 赠品 zèngpǐn

- 가방 包 bāo
- 핸드백 手提包 shǒutíbāo
- 여행용가방 旅行包 lǚxíngbāo
- 악어가죽 鳄鱼皮 èyú pí
- 뱀가죽 蛇皮 shépí
- 소가죽 牛皮 niúpí

02 보석매장

Part 2
면세점 실무 중국어회화

02 실전 상황

점원 왕림하심을 환영합니다.

환잉 광 린

欢迎光临。

Huānyíng guānglín.

점원 여사님 도와드릴까요?

쉬 야오 방망 마, 뉘 스

需要帮忙吗，女士？

Xū yào bāngmáng ma, nǚ shì?

고객 그냥 보는 겁니다.

워 즈 샹 쑤이볜 칸 칸

我只想随便看看。

Wǒ zhǐ xiǎng suíbiàn kànkan.

고객 듣자하니 한국의 자수정이 유명하다고 하던데요.

팅숴 한궈 더 쯔수이징 헌 유밍

听说韩国的紫水晶很有名。

Tīngshuō Hánguó de zǐshuǐjīng hěn yǒumíng.

점원 한국의 자수정은 일찍이 그 광택과 투명도로 세계적으로 유명합니다.

한궈 더 쯔수이징 짜오 이 치써쩌 위 터우밍두 원밍 촨추

韩国的紫水晶早以其色泽与透明度文明全球。

Hánguó de zǐshuǐjīng zǎo yǐ qí sèzé yǔ tòumíngdù wénmíng quánqiú.

고객 가공 기술은요?

자 궁 지수 너

加工技术呢?

Jiāgōng jìshù ne?

점원 한국의 가공 기술 역시 세계수준입니다.

한궈 더 자궁 지수 예스 스제 수이핑 더

韩国的加工技术也是世界水平的。

Hánguó jiāgōng jìshù yěshì shìjiè shuǐpíng de .

고객 **한국의 옥은 몇 가지로 나누나요?**

한궈 더 위스 펀웨이 지 중

韩国的玉石分为几种?

Hánguó de yùshí fēnwéi jǐ zhǒng?

점원 **한국의 옥은 주로 백옥, 황옥, 홍옥, 흑옥이 있습니다.**

한궈 더 위스 주야오 유 바이위, 황위, 훙위, 헤이위 덩 핀중

韩国的玉石主要有白玉、黄玉、红玉、黑玉等品种。

Hánguó de yùshí zhǔyào yǒu báiyù, huángyù, hóngyù, hēiyù děng pǐnzhǒng.

고객 **한국의 옥은 가격이 아주 싼 것 같습니다.**

워 줴더 한궈 더 위스 자거 헌 볜이

我觉得韩国的玉石价格很便宜。

Wǒ juéde Hánguó de yùshí jiàgé hěn piányi.

점원 **한국은 매장량이 풍부하고 대량생산하기 때문에 가격이 쌉니다.**

한궈 창량 펑푸, 커이 다량 성찬, 쒀이 자거 볜이

韩国藏量丰富，可以大量生产，所以价格便宜。

Hánguó cángliàng fēngfù, kěyǐ dàliàng shēngchǎn, suǒyǐ jiàgé piányi.

고객 **정말이지, 이런 종류의 귀걸이에 대해 끌립니다!**

워 전 주 스 볜 아이 저 레이 더 얼환 야

我真就是偏爱这类的耳环呀!

Wǒ zhēn jiù shì piānài zhè lèi de ěrhuán yā !

고객 **보기에 어때요?**

칸 치 라이 쩐머양

看起来怎么样 ?

Kàn qǐ lái zěnmeyàng?

점원 **아주 예쁘세요.**

니 다이 치 타먼 라이 헌 하오칸

你戴起他们来很好看。

Nǐ dài qǐ tāmen lái hěn hǎokàn.

이건 진주 목걸이 아닌가요?

저 부 주스 전주 샹롄 마
这不就是珍珠项链吗?
Zhè bú jiùshì zhēnzhū xiàngliàn ma?

그렇습니다.

스 더
是的。
Shì de.

이 반지 볼 수 있나요?

넝 칸 이 샤 저 거 제즈 마
能看一下这个戒指吗？
Néng kàn yí xià zhè ge jièzhǐ ma?

보여드리겠습니다.

워 나 게이 니 칸칸
我拿给你看看。
Wǒ ná gěi nǐ kànkan.

무엇으로 만든 거죠?

용 선 머 쭤 더
用什么做的？
Yòng shénme zuò de?

진주로 만든 것입니다.

용 전주 쭤 더
用珍珠做的。
Yòng zhēnzhū zuò de.

이 진주는 진짜인가요, 모조품인가요?

저 거 전주 스 전 더 환 스 팡즈 더
这个珍珠是真的还是仿制的?
Zhè ge zhēnzhū shì zhēn de hái shì fǎngzhì de?

진짜입니다.

전 더
真的。
Zhēn de.

고객 **이거 너무 예쁘네요.**

저 거 페이창 퍄오량

这个非常漂亮。

Zhè ge fēicháng piàoliang.

점원 **당신은 정말 눈썰미가 있으십니다.**

니 전 유 옌리

你真有眼力。

Nǐ zhēn yǒu yǎnlì.

점원 **아가씨가 이것을 끼면 더 예뻐요.**

샤오제 다이 상 저 거 후이 경 퍄오량

小姐戴上这个会更漂亮。

Xiǎojiě dài shàng zhè ge huì gèng piàoliang.

점원 **추천할만 합니다.**

즈 더 퉤이젠

值得推荐。

Zhí de tuījiàn.

점원 **이것은 제일 잘 나가는 디자인입니다.**

저 스 쭈이 창샤오 더 콴스

这是最畅销的款式。

Zhè shì zuì chàngxiāo de kuǎnshì.

고객 **좋습니다, 이걸로 사겠습니다.**

하오 더, 워 야오 마이 저 거

好的，我要买这个。

Hǎo de, wǒ yào mǎi zhè ge.

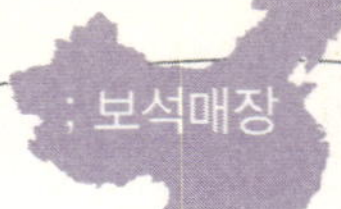

여기에 돈 바꾸는 곳이 있나요?

저얼 유 환첸 더 디팡 마

这儿有换钱的地方吗？

Zhèr yǒu huànqián de dìfāng ma?

바로 맞은 편입니다.

두 이 미 옌 주 스

对面就是。

Duìmiàn jiùshì.

신용카드로 계산해도 됩니다.

니 커이 스융 신융카 제장

你可以使用信用卡结账。

Nǐ kěyǐ shǐyòng xìnyòngkǎ jiézhàng.

좋습니다.

하오 더

好的。

Hǎo de.

✦ 관련단어 ✦

◦ 왕림하다	光临 guānglín
◦ 색과 광택	色泽 sèzé
◦ 투명도	透明度 tòumíngdù
◦ 유명하다	闻名 wénmíng
◦ 가공 기술	加工技术 jiāgōng jìshù
◦ 세계수준	世界水平 shìjiè shuǐpíng
◦ 가격	价格 jiàgé
◦ 매장량	藏量 cángliàng
◦ 풍부하다	丰富 fēngfù
◦ 대량	大量 dàliàng
◦ 귀걸이	耳环 ěrhuán
◦ 걸다	戴 dài
◦ 모조품	仿制的 fǎngzhì de
◦ 눈썰미	眼力 yǎnlì
◦ 가치가 있다	值得 zhíde
◦ 추천하다	推荐 tuījiàn
◦ 잘 팔리다	畅销 chàngxiāo
◦ 디자인	款式 kuǎnshì
◦ 맞은 편	對面 duìmiàn
◦ 신용카드	信用卡 xìnyòngkǎ
◦ 계산하다	结账 jiézhàng
◦ 보석	宝石 bǎoshí
◦ 자수정	紫水晶 zǐshuǐjīng
◦ 옥	玉石 yùshí
◦ 백옥	白玉 báiyù
◦ 황옥	黄玉 huángyù
◦ 홍옥	红玉 hóngyù
◦ 흑옥	黑玉 hēiyù
◦ 귀걸이	耳环 ěrhuán
◦ 진주	珍珠 zhēnzhū
◦ 목걸이	项链 xiàngliàn
◦ 반지	戒指 jièzhǐ
◦ 보석	宝石 bǎoshí
◦ 보석	珠宝 zhūbǎo
◦ 마노	玛瑙 mǎnǎo
◦ 팔찌	手镯 shǒuzhuó
◦ 다이아몬드	钻石 zuànshí

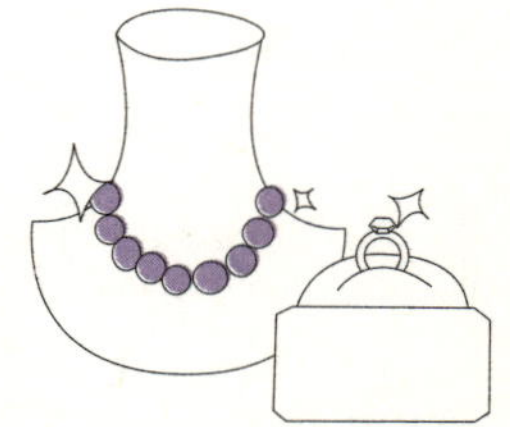

03 신발매장

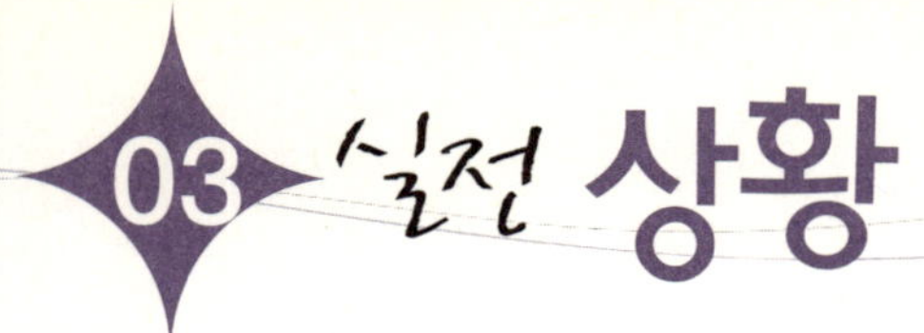

 뭐 사시려고요?

샹 마이 뎬 선머
想买点什么?
Xiǎng mǎi diǎn shénme?

 신발이 예쁘네요.

저 솽 셰 헌 퍄오량
这双鞋很漂亮。
Zhè shuāng xié hěn piàoliang.

 이 신발은 수입품입니까?

저 솽 셰 스 진커우 더 마
这双鞋是进口的吗?
Zhè shuāng xié shì jìnkǒu de ma?

 국산입니다.

스 궈훠
是国货。
Shì guóhuò.

 굽이 낮은 것이 있나요?

셰건 유 메이유 비자오 디 더
鞋跟有没有比较低的?
Xiégēn yǒu méiyou bǐjiào dī de?

 있습니다.

유
有。
Yǒu.

 이것은 무슨 가죽인가요?

저 스 선머 피 더
这是什么皮的?
Zhè shì shénme pí de?

 소가죽입니다.

뉴피
牛皮。
Niúpí.

이 신발 40 사이즈가 있나요?

저 셰 유 스시 더 마

这鞋有40的吗?

Zhè xié yǒu sìshí de ma?

있습니다.

유

有。

Yǒu

당신께서 원하신 물건입니다. 받으세요.

저 스 니 야오 더, 칭 나 하오

这是你要的,请拿好。

Zhè shì nǐ yào de, qǐng ná hǎo.

어때요?

쩐머양

怎么样?

Zěnmeyàng?

조금 작습니다.

유 뎬얼 샤오

有点儿小。

Yǒu diǎner xiǎo.

제 치수는 40입니다.

워 야오 스시 더

我要40的。

Wǒ yào sìshí de.

이걸로 제가 신을 만 한 게 있나요?

저 셰 유 워 촨 더 마

这鞋有我穿的吗?

Zhè xié yǒu wǒ chuān de ma?

우리는 두 종류 스타일의 신발이 있습니다.

워 먼 유 량 솽 저 중 콴스 더 셰

我们有两双这种款式的鞋。

Wǒ men yǒu liǎng shuāng zhè zhǒng kuǎnshì de xié.

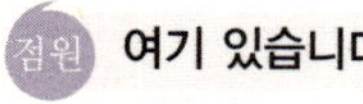
점원 **여기 있습니다.**

게이 닌

给您。

Gěi nín.

고객 **조금 낍니다.**

유 뎬얼 진

有点儿紧。

Yǒu diǎnr jǐn.

점원 **한 사이즈 큰 것으로 바꾸어 드릴까요?**

니 야오 환 다 이 하오 더 마

你要换大一号的吗?

Nǐ yào huàn dà yí hào de ma?

고객 **다른 것으로 바꿔주세요.**

환 볘 더 바

换别的吧。

Huàn bié de ba.

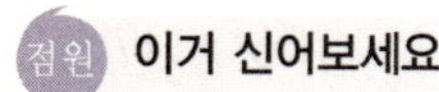
점원 **이거 신어보세요.**

스스 저 거

试试这个。

Shìshi zhè ge.

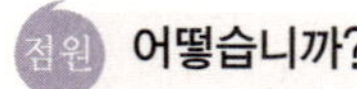
점원 **어떻습니까?**

쩐머양

怎么样?

Zěnmeyàng?

고객 **편하군요.**

헌 수푸

很舒服。

Hěn shūfu.

점원 **그 신발은 당신에게 잘 어울립니다.**

나 솽 셰 헌 스허 니

那双鞋很适合你。

Nà shuāng xié hěn shìhé nǐ.

이 신발은 얼마죠?

저 셰 둬 사오 쳰 이 솽
这鞋多少钱一双？
Zhè xié duōshǎo qián yì shuāng?

380원입니다.

산바이 바스 콰이
380块。
Sānbǎi bāshí kuài.

점원 신어보세요.

칭 스 스 칸
请试试看。
Qǐng shì shì kàn.

고마워요, 아주 편안하네요.

셰 셰 팅 수 스 더
谢谢，挺舒适的。
Xiè xiè.Tǐng shū shì de.

점원 먼저 카운터에 가서 계산 하세요.

칭 셴 다오 서우 인 타이 자오 콴
请先到收银台交款。
Qǐng xiān dào shōuyíntái jiāokuǎn.

400원입니다.

게이 닌 스빠이
给您400。
Gěi nín Sìbǎi.

점원 20원 거슬러 드릴게요.

자오 닌 얼스 콰이
找您20块。
Zhǎo nín èrshí kuài.

감사합니다.

셰 셰 니
谢谢你。
Xièxie nǐ.

✦ 관련단어 ✦

- 수입하다 进口 jìnkǒu
- 국산 国货 guóhuò
- 굽 鞋跟 xiégēn
- 낮다 低 dī
- 치수 尺寸 chǐcùn

- 끼다 紧 jǐn
- 편하다 舒服 shūfu
- 맞다 适合 shìhé

- 카운터 收银台 shōuyíntái
- 계산하다 交款 jiāokuǎn
- 거스르다 找 zhǎo

- 운동화 运动鞋 yùndòngxié
- 하이힐 高跟鞋 gāogēnxié
- 샌들 凉鞋 liángxié
- 농구화 篮球鞋 lánqiúxié
- 테니스화 网球鞋 wǎngqiúxié
- 부츠 长靴 chángxué
- 슬리퍼 拖鞋 tuōxié
- 가죽신 皮鞋 píxié
- 스포츠화 球鞋 qiúxié

04 인삼매장

점원 뭐가 필요하세요?

需要点儿什么?
Xūyào diǎnr shénme?

고객 그냥 보는 겁니다.

随便看看。
Suíbiàn kànkan.

고객 한국 고려인삼을 사려고 합니다.

我要买韩国高丽人参。
Wǒ yào mǎi Hánguó Gāolì rénshēn.

점원 제가 중국어로 당신에게 제품을 소개하겠습니다.

我用中文帮您介绍产品。
Wǒ yòng Zhōngwén bāng nín jièshào chǎnpǐn.

점원 "고려인삼" 은 의심할바 없이 인삼의 대명사입니다.

"高丽人参" 无疑是 "人参" 的代名词。
"Gāolì rénshēn" wú yí shì "rénshēn" de dàimíngcí.

점원 중국 양조시기, 유명한 의학서에도 인삼의 최상품은 한국에서 나온다는 기록이 있습니다.

中国梁朝时期著名的医书上也有 "人参之极品产于韩国" 的记载。
Zhōngguó liángchāo shíqī zhùmíng de yīshù shàng yě yǒu "rénshēn zhī jípǐn chǎn yú Hánguó" de jìzài.

고객 그래요?

是吗?
Shì ma?

점원 고려인삼은 세계최고입니다.

高丽人参是世界之冠。
Gāolì rénshēn shì shìjiè zhī guàn.

점원 고려인삼은 원기를 왕성하게 하는 신비한 명약으로 공인받고 있습니다.

高丽人参是被公认为是元气旺盛的神秘名药。

Gāolì rénshēn shì bèi gōngrèn wéi shǐ yuánqì wàngshèng de shénmì míngyào.

고객 효능은 보장할 수 있나요?

能保证效能吗?

Néng bǎozhèng xiàonéng ma?

점원 보건의료효능을 보장할 수 있습니다.

我能保证保健疗效。

Wǒ néng bǎozhèng bǎojiàn īliáo xiào.

고객 인삼은 몇 가지가 있나요?

人参有几种?

Rénshēn yǒu jǐ zhǒng?

점원 인삼은 수삼, 건삼, 홍삼 3가지로 나눕니다.

人参分水参、干参、红参三种。

Rénshēn fēn shuǐshēn, gānshēn, hóngshēn sān zhǒng.

점원 인삼정, 분제품 등 여러 가지 상품이 있습니다.

参精、粉制品等多种产品。

Shēnjīng, fěnzhìpǐn děng duō zhǒng chǎnpǐn.

고객 품질도 좋고 가격도 싼 것을 원합니다.

我要物美价廉的。

Wǒ yào wù měi jià lián de.

점원 이곳에는 품질도 좋고 가격이 싼 인삼도 있습니다.

我们这儿也有物美价廉的人参。

Wǒmen zhèr yě yǒu wù měi jià lián de rénshēn.

점원 일년에서 십년짜리 인삼 다 있죠.

一年到十年的人参都有。

Yī nián dào shí nián de rénshēn dōu yǒu.

고객 그렇다면 어떤 것이 좋을까요?

那么哪一种好呢?

Nàme nǎ yì zhǒng hǎo ne?

점원 오래될수록 좋은 겁니다.

越久越好。

Yuè jiǔ yuè hǎo.

고객 가격은요?

价钱呢?

Jiàqián ne?

점원 가격도 다양하고 차이도 매우 큽니다.

其价格也多种多样，相差悬殊。

Qí jiàgé yě duō zhǒng duō yàng, xiāngchā xuánshū.

고객 이 인삼편은 어떻게 팔죠?

这个人参片怎么卖?

Zhè ge rénshēn piàn zěnme mài?

점원 근으로 팝니다.

论斤卖。

Lùn jīn mài.

고객 이것으로 사겠습니다.

好，我要买这个。

Hǎo, wǒ yào mǎi zhè ge.

✦ 관련단어 ✦

- 편한대로 하다 随便 suíbiàn
- 양조시기 梁朝时期 liángcháo shíqī
- 유명하다 著名 zhùmíng
- 의학서 医书 yīshū
- ~에서 생기다 产于 chǎn yú
- 기재하다 记载 jìzǎi
- 세계최고 世界之冠 shìjiè zhī guàn
- 공인하다 公认 gōngrèn
- 원기왕성하다 元气旺盛 yuánqì wàngshèng
- 신비하다 神秘 shénmì
- 명약 名药 míngyào
- 보증하다 保证 bǎozhèng
- 효능 效能 xiàonéng
- 의료 医疗 yīliáo
- 품질도 좋고 가격도 싸다 物美价廉 wù měi jià lián
- ~할수록 ~하다 越...越... yuè... yuè...
- 가격 价钱 jiàqián
- 다양하다 多种多样 duō zhǒng duō yàng
- 차이가 매우 크다 相差悬殊 xiāngchā xuánshū
- 한국홍삼 韩国红参 Hánguó hóngshēn
- 인삼 人参 rénshēn
- 인삼사탕 人参糖 rénshēn táng
- 인삼주 人参酒 rénshēn jiǔ
- 인삼편 人参片 rénshēn piàn
- 인삼초코렛 人参巧克力 rénshēn qiǎokèlì
- 고려인삼 高丽人参 Gāolì rénshēn
- 수삼 水参 shuǐshēn
- 건삼 干参 gānshēn
- 홍삼 红参 hóngshēn
- 인삼정 参精 shēnjīng
- 분제품 粉制品 fěnzhìpǐn

05 의류매장

05 실전 상황

점원 왕림하심을 환영합니다. 뭘 보시려고 하시나요?

欢迎光临。看点儿什么?

Huānyíng guānglín. Kàn diǎnr shénme?

고객 그냥 보는 겁니다.

随便看看。

Suíbiàn kànkan.

점원 좋아하시는 것이 있으면 입어보셔도 됩니다.

喜欢哪件可以试穿。

Xǐhuan nǎ jiàn kěyǐ shì chuān

고객 저거 입어 볼게요.

我试试那个。

Wǒ shìshi nà ge.

점원 여기 있습니다.

给您。

Gěi nín.

고객 이것은 진짜 실크입니까?

这是真丝的吗?

Zhè shì zhēn sī de ma?

점원 진짜 실크입니다.

百分之百的真丝。

Bǎi fēn zhī bǎi de zhēn sī.

고객 정말로 저 털옷이 점점 좋아지네요.

我真是越来越喜欢那件毛衣。

Wǒ zhēn shì yuèláiyuè xǐhuān nà jiàn máoyī.

점원 그럼 왜 사지 않으세요?

那为什么不买下来呢?

Nà wèishénme bù mǎi xiàlái ne?

고객 그래도 먼저 가격이 얼마인지 알아야 하잖아요.

我们还是先搞清楚价钱是多少吧。

Wǒmen háishì xiān gǎo qīngchu jiàqián shì duōshǎo ba.

고객 1벌에 얼마죠?

多少钱一件?

Duōshǎo qián yí jiàn?

점원 900위앤입니다.

九百块

Jiǔ bǎi kuài.

점원 몇 호로 원하세요?

要多大号的?

Yào duō dà hào de?

고객 대,중,소 각 1벌이요.

大中小各一件。

Dà zhōng xiǎo gè yí jiàn.

점원 무슨 색깔을 원하세요?

你要什么颜色的?

Nǐ yào shénme yánsè de?

고객 붉은 것으로 주세요.

我要紅的。

Wǒ yào hóng de.

고객 다른 색깔은 없습니까?

有没有别的颜色的？

Yǒu méiyou bié de yánsè de?

다른 색깔을 원합니다.

要别的颜色。

Yào bié de yánsè.

점원 파란색과 자주색이 있어요.

还有蓝色和紫色的。

Hái yǒu lánsè hé zǐsè de.

고객 파란색으로 주세요.

我要蓝色的。

Wǒ yào lánsè de.

점원 당신이 보시기에 이건 어때요?

你看，这一件怎么样?

Nǐ kàn, zhè yī jiàn zěnme yàng?

고객 좀 볼게요.

我看看。

Wǒ kànkan.

고객 이 셔츠는 얼마죠?

这件衬衫多少钱？

Zhè jiàn chènshān duōshǎo qián?

점원 만 위엔이에요. 사이즈가 어떻게 되시죠?

一万块。要多大号的？

Yí wàn kuài. Yào duō dà hào de?

고객 제일 큰 사이즈로 주세요.

我要最大的。

Wǒ yào zuì dà de.

점원 네. 여기 있습니다.

这儿有。

Zhèr yǒu.

고객 입어 봐도 되나요?

我可不可以试穿一下？

Wǒ kě bù kěyǐ shìchuān yí xià?

점원 네. 저쪽에 탈의실이 있어요.

可以。那儿有更衣室。

Kěyǐ. Nàr yǒu gēngyīshì.

Track 9

점원 이것은 한국의 명품입니다. 품질이 아주 좋습니다.

这是韩国的名牌，质量非常好。
Zhè shì Hánguó de míngpái, zhìliàng fēicháng hǎo.

고객 이것은 브랜드가 뭐죠?

这是什么牌子的?
Zhè shì shénme páizi de?

점원 한국에서 가장 유행하는 브랜드 빈폴(Bean Pole)입니다. 입어보니 어때요?

在韓国最流行的牌子滨波。穿起来怎么样?
Zài Hánguó zuì liúxíng de páizi,Bīnbō. Chuān qǐlái zěnmeyàng?

고객 이 옷은 잘 맞습니다. / 조금 큽니다.

这件很合身。 / 有点宽。
Zhè jiàn hěn héshēn. Yǒu diǎn kuān.

고객 너무나 짧아요.(길어요/ 조여요/ 헐거워요)

太短啦 (长/紧/松)。
Tài duǎn lā (cháng/ jǐn/ sōng).

고객 이것 한 치수 큰 것 있나요?

这件有大一号的吗?
Zhè jiàn yǒu dà yí hào de ma?

점원 여기 있습니다.

给你。
Gěi nǐ.

고객 잘 맞습니다.

刚好。
Gāng hǎo.

✦ 관련단어 ✦

- 진짜 실크 真丝 zhēnsī
- 털옷 毛衣 máoyī
- 명확히 하다 搞清楚 gǎo qīngchǔ

- 대자 大号 dàhào
- 중자 中号 zhōnghào
- 소자 小号 xiǎohào

- 탈의실 更衣室 gēngyīshì
- 명품 名牌 míngpái
- 품질 质量 zhìliàng
- 브랜드 牌子 páizi
- 유행하다 流行 liúxíng
- 빈폴(Bean Pole) 滨波 Bīnbō

- 몸에 맞다 合身 héshēn
- 조이다 紧 jǐn
- 헐겁다 松 sōng
- 딱 맞다 刚好 gāng hǎo

- 재킷 夹克 jiākè
- 셔츠 衬衫 chènshān
- 바지 裤子 kùzi
- 스커트 裙子 qúnzi

- 양복 西服 xīfú
- 청바지 牛仔裤 niúzǎikù

- 면제품 棉质 miánzhì
- 순면 纯棉 chúnmián
- 나일론 尼龙 nílóng

- 외투 外套 wàitào
- 속옷,내의 内衣 nèiyī
- 속바지 内裤 nèikù
- 브래지어 乳罩 rǔzhào
- 겉옷 外衣 wàiyī

- 티셔츠 T恤 Txù
- 블라우스 女式衬衫 nǚshì chènshān
- 스웨터 毛衣 máoyī
- 코트 外套 wàitào
- 정장 套装 tàozhuāng
- 반바지 短裤 duǎnkù

- 수영복 泳衣 yǒngyī
- 비옷 雨衣 yǔyī

양복 한 벌 一套西服 yí tào xīfú
바지 한 벌 一条裤子 yì tiáo kùzi
셔츠 한 벌 一件衬衫 yí jiàn chènshān

고객의 수요를 정확히 파악하기 위해서는 손님들의 취향을 잘 알아야겠지요.
중국어로 색깔을 정확히 파악하고 있는 것도 고객서비스의 지름길입니다. 익혀봅시다.

색깔	흰색	검은색	빨간색	노란색	파란색
颜色 yánsè	白色 báisè	黑色 hēisè	红色 hóngsè	黄色 huángsè	蓝色 lánsè
	초록색	연두색	분홍색	갈색	보라색
	绿色 lǜsè	豆绿色 dòulǜsè	粉红色 fěnhóngsè	褐色 hèsè	紫色 zǐsè

06 주류매장

Part 2
면세점 실무 중국어회화

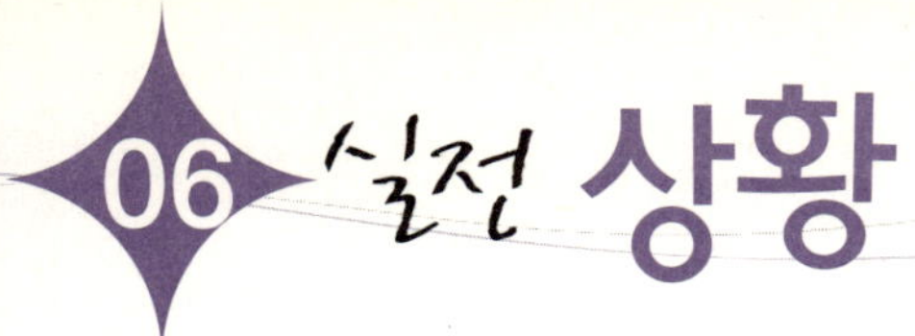

Track 11

점원 안녕하세요, 도와드릴까요?

你好，我能帮你吗？

Nǐ hǎo, wǒ néng bāng nǐ ma?

고객 그냥 보려고요, 감사합니다.

就是看看，谢谢。

Jiùshì kànkan, xièxie.

고객 포도주 한 병 얼마죠?

葡萄酒一瓶多少钱？

Pú táo jiǔ yī píng duō shǎo qián?

점원 60위앤입니다.

60元。

Liùshí yuán.

고객 위스키 3병 주세요.

请给我3瓶威士忌。

Qǐng gěi wǒ sān píng wēishìjì.

고객 이 술 말고 다른 술 없나요?

不是这个酒，没有其他的酒吗？

Bú shì zhè ge jiǔ, méiyou qítā de jiǔ ma?

점원 전통주, 위스키, 양주, 막걸리도 있습니다.

还有传统酒、洋酒、米酒都有。

Huái yǒu chuántǒngjiǔ, yángjiǔ, mǐjiǔ dōu yǒu.

고객 한국에서 유명한 술이 어떤 것이 있나요?

在韩国有什么有名的酒?

Zài Hánguó yǒu shénme yǒumíng de jiǔ?

점원 최근에는 막걸리를 마시는 사람들이 아주 많습니다.

最近喝米酒的人很多。

Zuìjìn hē mǐjiǔ de rén hěn duō.

점원 한국술 마셔본 적 있나요?

您喝过韩国酒吗?

Nín hē guò Hánguó jiǔ ma?

고객 저는 막걸리를 마셔봤습니다.

我喝过米酒。

Wǒ hē guò mǐjiǔ.

점원 맛이 어떤가요?

味道怎么样?

Wèidào zěnmeyàng?

고객 마시기에 아주 좋아요.

很好喝。

Hěn hǎo hē.

점원 또 인삼주도 있습니다.

还有人参酒。

Hái yǒu rénshēnjiǔ.

점원 한모금 맛 보세요.

您尝一口。

Nín cháng yì kǒu.

고객 인삼냄새가 납니다.

有人参香味。

Yǒu rénshēn xiāngwèi.

고객 마시기에 아주 괜찮네요.

很好喝。

Hěn hǎo hē.

점원 인삼주는 몸에 좋습니다.

人参酒对身体很好。

Rénshēnjiǔ duì shēntǐ hěn hǎo.

고객 좋은 것 좀 보여주세요.

请给我拿好的。

Qǐng gěi wǒ ná hǎo de.

고객 두 병 주세요.

给我两瓶吧。

Gěi wǒ liǎng píng ba.

점원 중국술은 아주 독해요.

中国酒很烈。

Zhōngguó jiǔ hěn liè.

고객 맞아요, 중국술은 보통 32~52도입니다.

对, 中国酒呢, 一般32~52度。

Duì, Zhōngguó jiǔ ne, yìbān sānshièr dào wǔshíèr dù.

점원 또 오십시오.

欢迎再次光临。

Huānyíng zài cì guānglín.

고객 네, 또 뵙겠습니다.

好, 再见!

Hǎo, zàijiàn!

✦ 관련단어 ✦

- 경험하다 经历 jīnglì
- 맛 味道 wèidao
- 한 모금 一口 yì kǒu
- 맛, 냄새 香味 xiāngwèi
- 독하다 烈 liè

- 포도주 葡萄酒 pútáojiǔ
- 명주 名酒 míngjiǔ
- 전통주 传统酒 chuántǒngjiǔ
- 위스키 威士忌 wēishìjì
- 양주 洋酒 yángjiǔ
- 막걸리 米酒 mǐjiǔ

- 발렌타인 BALLENTINE' S 百龄坛 bǎilíngtán
- 킹조지5 KING GEORGE 5 乔治王 5 qiáozhìwáng wǔ
- 로얄살루트 ROYAL SALUTE 皇家礼炮 huángjiālǐpào
- 시바스리갈 CHIVAS REGAL 芝华士 zhīhuáshì
- 조니워커레드 JOHNNY WALKER RED LABEL 约翰沃克红方 yuēhànwòkèhóngfāng
  - 블랙라벨 BLACK LABEL 黑方 hēifāng
  - 블루라벨 BLUE LABEL 蓝方 lánfāng

07 토산품매장

07 실전 상황

점원 왕림을 환영합니다.

欢迎光临。

Huānyíng guānglín.

점원 도와드릴까요?

需要帮忙吗?

Xūyào bāngmáng ma?

고객 여기는 어떤 상품이 있나요?

这里有什么商品 ?

Zhè li dōu yǒu shénme shāngpǐn?

점원 여기는 토산품을 주로 판매합니다.

我们这儿专门卖土产品。

Wǒmen zhèr zhuānmén mài tǔchǎnpǐn.

고객 저는 수공예품을 사려고 합니다.

我要买手工艺品。

Wǒ yào mǎi shǒugōngyìpǐn.

점원 수공으로 만든 것이 있습니다.

我们这儿有手工制作的。

Wǒmen zhèr yǒu shǒugōng zhìzuò de.

고객 여기 한국 전통 수공예품 있나요?

你们这儿有没有韩国传统手工艺品?

Nǐmen zhèr yǒu méiyou Hánguó chuántǒng shǒu gōngyìpǐn?

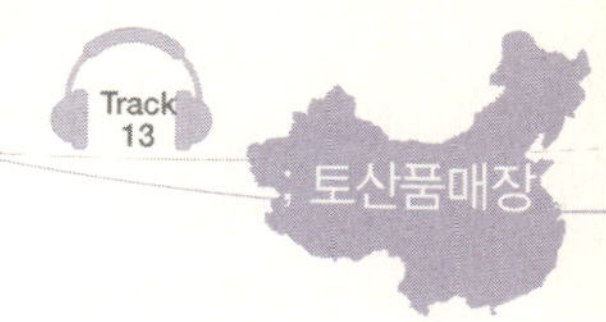

점원 있습니다. 이쪽입니다.

有,来这边。

Yǒu, lái zhè biān.

점원 이런 것들은 모두 가장 좋은 선물입니다.

这些都是最好的馈赠佳品。

Zhè xiē dōu shì zuì hǎo de kuìzèng jiāpǐn.

점원 한국 민속공예품은 한국의 문화수준을 대표하는 중요한 유산입니다.

韩国民俗工艺品是代表我国文化水平的重要遗产。

Hánguó mínsú gōngyìpǐn shì dàibiǎo wǒ guó wénhuà shuǐpíng de zhòngyào yíchǎn.

고객 모두 어떤 것들이 있나요?

都有什么?

Dōu yǒu shénme?

점원 부채, 가면, 자수, 목각, 연 등이 있습니다.

扇子、假面、刺绣、木刻、风筝等。

Shànzi, jiǎmiàn, cìxiù, mùkè, fēngzhēng děng.

점원 그것들은 한국전통문화와 생활예술을 충분히 구현하고 있습니다.

它们充分体现了韩国传统文化和生活艺术。

Tāmen chōngfèn tǐxiàn le Hánguó chuántǒng wénhuà hé shēnghuó yìshù.

점원 한국의 고미술품에는 5천년의 전통과 역사가 간직되어 있습니다.

韩国的古美术品里蕴藏着五千年的传统与历史。

Hánguó de gǔ měishùpǐn li yùncáng zhe wǔ qiān nián de chuántǒng yǔ lìshǐ.

고객 이 면세점에서, 가장 살 만한 것은 무엇인가요?

在这个免税店，最值得购买的是什么？

Zài zhè ge miǎn shuì diàn, zuì zhí de gòu mǎi de shì shénme?

점원 서화, 도자, 목기, 금속공예품등은 수없이 많고 훌륭한 물건들이 많이 있습니다.

书画、陶瓷、木器、金属工艺品等数不胜数、琳琅满目。

Shū huà, táocí, mùqì, jīnshǔ gōngyìpǐn děng shǔ bù shèng shù, lín láng mǎn mù.

점원 한국에서 생산하는 칠기는 일반 관광객들에게 환영받는 상품입니다.

韩国生产的漆器是最受一般游客欢迎的商品。

Hánguó shēngchǎn de qīqì shì zuì shòu yìbān yóukè huānyíng de shāngpǐn.

고객 다른 한국 특색의 기념품이 있습니까?

有没有别的韩国特色的纪念品？

Yǒu méiyou biéde Hánguó tèsè de jìniànpǐn?

점원 있을 건 다 있습니다.

应有尽有。

Yīng yǒu jǐn yǒu.

점원 귀걸이, 반지, 머리핀 등은 모두 일반 관광객들이 좋아하는 상품입니다.

耳环、戒指、发夹等均为一般游客所喜爱的商品。

ěrhuán, jièzhǐ, fājiā děng jūn wéi yìbān yóukè suǒ xǐài de shāngpǐn.

고객 여기 엽기토끼 기념품을 팝니까?

这儿有没有卖流氓兔的纪念品？

Zhèr yǒu méiyou mài liúmáng tù de jìniànpǐn?

점원 있습니다.

有。

Yǒu.

고객 핸드폰 걸이 파나요?

这儿有没有卖手机挂链的?

Zhèr yǒu méiyou mài shǒujī guà liàn de?

점원 저기 있습니다.

在那儿。

Zài nàr.

점원 이것은 품질이 좋아요. 20위앤밖에 안 해요.

这个质量很好，才卖20块。

Zhè ge zhìliàng hěn hǎo, cái mài èr shí kuài.

고객 이것 조금 작은 것이 있나요?

有没有小一点的?

Yǒu méiyou xiǎo yì diǎn de?

점원 작은 것도 있습니다.

也有小的。

Yě yǒu xiǎo de.

고객 정말 예쁘네요!

真漂亮!

Zhēn piàoliang!

고객 선물을 하려고 합니다. 포장해 주세요.

我要送人，请帮我包装一下。

Wǒ yào sòng rén, qǐng bāng wǒ bāozhuāng yí xià.

고객 나누어 포장해주세요.

分开包装。

Fēnkāi bāozhuāng.

✦ 관련단어 ✦

- 면세점 免税店 miǎnshuìdiàn
- 어떠한 什么样 shénmeyàng
- 상품 商品 shāngpǐn
- 특별히 专门 zhuānmén
- 선물 礼物 lǐwù
- 고급품 佳品 jiāpǐn
- 유산 遗产 yíchǎn
- 부채 扇子 shànzi
- 가면 假面 jiǎmiàn
- 자수 刺绣 cìxiù
- 목각 木刻 mùkè
- 연 风筝 fēngzheng
- 충분하다 充分 chōngfèn
- 구현하다 体现 tǐxiàn
- 간직해두다 蕴藏 yùncáng
- 구입하다 购买 gòumǎi
- 서화 书画 shūhuà
- 도자 陶瓷 táocí
- 목기 木器 mùqì
- 금속공예품 金属工艺品 jīnshǔ gōngyìpǐn
- 셀 수 없이 많다 数不胜数 shù bù shèng shù
- 훌륭한 물건들이 많다 琳琅满目 lín láng mǎn mù
- 칠기 漆器 qīqì
- 관광객 游客 yóukè
- 맛, 특색, 분위기 风味 fēngwèi
- 있을 것은 다 있다. 应有尽有 yīng yǒu jǐn yǒu
- 엽기토끼 流氓兔 liúmángtù
- 핸드폰 걸이 手机挂链 shǒujī guàliàn
- 포장하다 包装 bāozhuāng
- 밑지다 亏钱 kuīqián
- 흥정하다 讨价还价 tǎojià huánjià
- 토산품 土产品 tǔchǎnpǐn
- 토산품 土特产 tǔtèchǎn
- 기념품 纪念品 jìniànpǐn
- 공예품 工艺品 gōngyìpǐn
- 유자차 柚子茶 yòuzichá
- 전통 떡 传统糕点食品 chuántǒng gāodiǎn shípǐn
- 전통 쇠 젓가락 传统钢制筷子 chuántǒng gāngzhì kuàizi
- 장식 首饰 shǒushì

08 화장품매장

08 실전 상황

점원 왕림하심을 환영합니다.

欢迎光临。

Huānyíng guānglín.

점원 뭐를 사시려고 하나요?

你要买什么东西?

Nǐ yào mǎi shénme dōngxi ?

고객 립스틱을 사려고 합니다.

我要买唇膏。

Wǒ yào mǎi chúngāo.

고객 좀 옅은 것으로 주세요.

给我拿淡一点的。

Gěi wǒ ná dàn yì diǎn de.

점원 이거 어때요? 하나에 20달러입니다.

这个怎么样?一个20美元。

Zhè ge zěnmeyàng? Yí ge èr shí měiyuán.

고객 향이 좋군요.

好香。

Hǎo xiāng.

고객 이것으로 살래요.

我要买这个。

Wǒ yào mǎi zhè ge.

점원 괜찮은 선택입니다.

是不错的选择!

Shì búcuò de xuǎnzé!

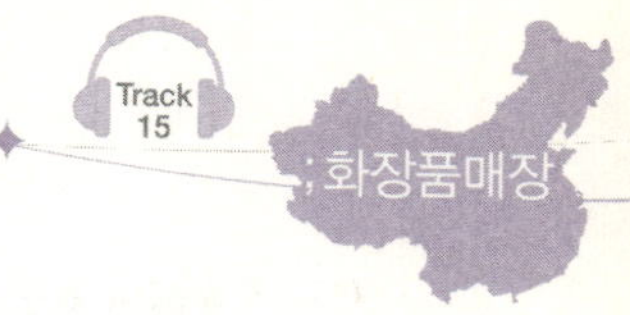

고객 물건이 아주 좋습니다.

东西真不错。

Dōngxi zhēn búcuò.

고객 가격이 그런대로 괜찮습니다.

价格还算合适。

Jiàgé hái suàn héshì.

고객 정말이지 한국화장품은 쓰기 괜찮습니다.

说真的，韩国化妆品很好用。

Shuō zhēn de, Hánguó huàzhuāngpǐn hěn hǎo yòng.

고객 맞아요, 품질도 좋지요.

对，质量也很好。

Duì, zhìliàng yě hěn hǎo.

점원 제가 보기에 '설화수'가 괜찮은데요.

我看，这个 '雪花秀' 不错。

Wǒ kàn, zhè ge 'Xuěhuāxiù' búcuò.

점원 물건 보실 줄 아십니다.

看你很识货。

Kàn nǐ hěn shí huò.

고객 감사합니다, 다음에 와서 또 사겠습니다.

谢谢，下次我再来买。

Xièxie, Xià cì wǒ zài lái mǎi.

고객 서울은 확실히 쇼핑천국입니다.

首尔的确是购物天堂。

Shǒu'ěr díquè shì gòuwù tiāntáng.

고객 한국 화장품을 사고 싶다면 어디 가서 사야하나요?

想买一些韩国化妆品去哪里买？

Xiǎng mǎi yí xiē Hánguó huàzhuāngpǐn qù nǎli mǎi?

점원 명동이 괜찮은 선택입니다.

明洞是個很好的选择。

Míngdòng shì ge hěn hǎo de xuǎnzé.

점원 명동에는 화장품 가게가 많이 있습니다.

在明洞，有很多家化妆品店。

Zài Míngdòng, yǒu hěn duō jiā huàzhuāngpǐndiàn.

고객 서울의 상점은 몇 시에 문을 여나요?

首尔的商场几点开门？

Shǒu'ěr de shāngchǎng jǐ diǎn kāi mén?

점원 일반적으로 오전 10시반 혹은 11시에 영업 시작합니다.

一般上午10点半或11点左右开始营业。

Yìbān shàngwǔ shí diǎn bàn huò shíyí diǎn zuǒyòu kāishǐ yíngyè.

고객 감사합니다.

谢谢你!

Xièxie nǐ!

점원 즐거운 여행되세요.

祝您旅游愉快。

Zhù nín lǚ yóu yúkuài.

✦ 관련단어 ✦

- 옅다 淡 dàn
- 괜찮다 不错 búcuò
- 선택하다 选择 xuǎnzé
- 농담하다 开玩笑 kāiwánxiào
- 상의하다 商量 shāngliang
- 서울 首尔 Shǒu'ěr
- 확실히 的确 díquè
- 쇼핑천국 购物天堂 gòuwù tiāntáng
- 상가 商场 shāngchǎng
- 영업 营业 yíngyè
- 향수 香水 xiāngshuǐ
- 화장품 化妆品 huàzhuāngpǐn
- 피부기초보호 皮肤基础护理 pífū jīchǔ hùlǐ
- 기능성화장품 功能性化妆品 gōngnéngxìng huàzhuāngpǐn

화장품 관련 용어 보충

[스킨케어]

로션	乳液 rǔyè
영양크림	营养霜 yíngyǎngshuāng
맛사지크림	按摩霜 ànmóshuāng
아이크림	眼霜 yǎnshuāng

[색조화장]

파운데이션	粉底液 fěndǐyè
파우더	散粉 sànfěn
마스카라	睫毛膏 jiémáogāo
립스틱	唇膏 chúngāo 口红 kǒuhóng
립글로스	唇彩 chúncǎi
아이쉐도우	眼影 yǎnyǐng
아이펜슬	眉笔 méibǐ

[기타]

크린싱크림	面霜 miànshuāng
크린싱폼	洗面奶 xǐmiànnǎi
매니큐어	指甲油 zhǐjiǎyóu
손톱청소용아세톤	洗甲水 xǐjiǎshuǐ
마사지팩	面膜 miànmó

우리는 명품이라면 귀가 솔깃하고, 한 번이라도 눈이 더 가지요. 세계 각국의 명품중 이름이 널리 알려진 것 몇 가지를 중국어로 어떻게 표현하는지 알아보겠습니다.

* CHANEL 샤넬	香奈儿 Xiāngnàiér	* Bean Pole 빈폴	滨波 Bīnbō
* Hermès 에르메스	爱马仕 àimǎshì	* Adidas 아디다스	阿迪达斯 ādídásī
* LOUIS VUITTON 루이비통	路易威登 Lùyìwēidēng	* Nike 나이키	耐克 Nàikè
* Pierre Cardin 피에르가르뎅	皮尔卡丹 Píěrqiǎdān	* Puma 퓨마	彪马 Biāomǎ
* PRADA 프라다	普拉达 Pǔlādá	* Fendi 펜디	芬迪 fēndí
* CHIRSTIAN DIOR 크리스찬 디올	克莉丝汀·迪奥 Kèlìsītīng·Dí ào	* Tiffany 티파니	蒂芙尼 dìfúní
* FERRAGAMO 페레가모	菲拉格慕 Fēilāgémù	* Ermenegildo Zegna 에르메니질도 제냐	杰尼亞 jiéníyà
* GUCCI 구찌	古奇 Gǔqí	* Celene 셀렌느	赛林 sàilín
* LANCOME 랑콤	兰蔻 Lánkòu	* Versace 베르사체	范思哲 fànsīzhé
* IPSA 일본화장품 IPSA	茵芙纱 Yīnfúshā	* Coach 코치	寇驰 kòuchí
* BURBERRY 버버리	巴宝利 Bābǎolì	* Etro 에트로	艾特罗 àitèluó
* BVLGARI 불가리	宝格丽 Bǎogélì	* Rollex 롤렉스	劳力士 láolìshì
* Cartier 까르띠에	卡地亚 Qiǎdìyà	* Omega 오메가	欧米夹 ōumǐjiā
* Chivas Regal 시바스리갈	芝华士 Zhīhuáshì	* SWAROVSKI 스와로브스키	施华洛世奇 shīhuáluòshìqí
* Marlboro 말보루	万宝路Wànbǎolù	* MISSHA 미샤	谜尚 míshàng 美夏 měixià

알면 유용한 TIPS》

중국 명품족이 주로 찾는 브랜드

중국 명품시장이 급속히 성장하면서 명품족이 주로 찾는 브랜드에도 관심이 집중되고 있는데, 중국의 명품족들은 의류브랜드로는 아르마니를 가장 선호하고, 가죽제품의 경우는 루이뷔통과 발리, 시계는 까르띠에, 귀금속 장신구는 티파니 · 스왈로브스키 자동차는 아우디 · BMW · 렉서스 · 볼보 등을 선호한다.

중국인 관광객이 선호하는 한국 브랜드

우리나라를 찾는 중국관광객들이 날로 늘어나면서 에어스타 애비뉴 내 신라, 롯데 면세점 등 주요 면세점에서는 중국어가 능통한 판매사원과 중국인 전담 쇼핑 도우미가 등장하는 등 차이나 마케팅이 진행되고 있습니다.

우리나라를 찾는 **중국인 관광객이 즐겨 찾는 한국 브랜드**는 무엇일까?

중국인 고객의 '은련카드**银联卡** yín lián kǎ' 사용실적을 분석한 현대백화점 자료에 따르면 아래와 같다.

1. 남성 정장 솔리드옴므
2. 봄빅스엠무어
3. 오브제
4. VOV
5. 아이잗바바
6. 오즈세컨
7. 마리엘렌
8. 엘페
9. 미샤
10. 시스템옴므

판매의 노하우

1 상냥한 **미소와 인사**는 고객의 마음을 감동시킨다.
미소는 경쟁력이다. 고객의 마음도 기분이 좋아진다.

2 **매장에 오래 머물게 하라.** 상품을 사지 않더라도 이미 매장에 들어온 이상 소중한 고객이다. 손님이 있으면 그 다음 손님은 매장에 들어오기가 한결 더 부담이 없다. 고객과 농담을 하던 상품을 소개하던 그 다음 손님이 들어올 때까지 발걸음을 잡아두라.

3 **고객을 무서워하지 마라.** 자신이 판매하는 상품에 대해 자신감을 가지고 고객에게 정말 상품을 구입하고 싶다는 확신을 심어주어야 한다. 그러려면 먼저 상품에 대해 훤히 꽤뚫고 있어야 한다.

4 **한류스타를 활용하는 마케팅을 하라.** 다른 것은 몰라도 한류스타는 대부분 알고 있다. 물론 연령층에 따라 다르기는 하겠지만, 한류스타는 상품 홍보의 좋은 매개체가 될 수 있으니 농담일지언정 연관시켜 보라.

5 **칭찬에 인색하지 마라.** 고객에 대한 칭찬이라든지 고객이 입고 있는 옷, 가방 등에 대한 칭찬을 아끼지 마라. 칭찬은 고객과의 거리를 좁히는 좋은 방법이다.

6 **서비스를 철저히 하라.** 고객에 대한 서비스는 더할 나위 없이 좋은 방법이다. 상품 판매만이 아닌 작은 친절에도 고객은 감동하고 다시 찾는다.

7 **문화를 이해하라.** 서비스가 중요하기는 하지만 문화를 이해할 필요가 있다. 서비스를 할 때는 손님과 적당한 거리를 유지해야 할 경우가 있다. 특히 유럽이나 미국사람의 경우에는, 지나치게 근접하면 그들에게 불안감을 줄 수 있다.

PART 3

★ ★ ★ 상황별 중국어회화와 표현

또한, 면세점에서 활용할 수 있는 유용한 단어도 함께 실었다.
면세점에서 필요한 상황별 중국어와 더불어
영어표현을 병기하여 각 상황에 따른 실천 대처 능력을
키울 수 있게 하였다.

我要换钱。
Wǒ yào huàn qián.
돈 좀 바꿔 주세요.

换什么?
Huàn shénme?
뭘 바꾸시게요?

美金。
Měijīn.
달러요.

支票还是现款?
Zhīpiào háishì xiànkuǎn?
수표요? 현금이요?

支票
Zhīpiào.
수표요.

你要换多少？
Nǐ yào huàn duōshǎo?
얼마를 바꿔 드릴까요?

要换一千美元。
Yào huàn yī qiān Měiyuán.
천 달러만 바꿔 주세요.

今天的汇率是多少？
Jīntiān de huìlǜ shì duōshǎo?
오늘 환율은 얼마예요?

一美元兑换1300韩元。
Yī Měiyuán duìhuàn yìqiānsānbǎi Hán yuán.
1달러에 1300원이에요.

这儿是1百30万韩元。 130만원입니다.
Zhèr shì yì bǎi sānshí wàn Hányuán.

请数一数。 확인해 보세요.
Qǐng shǔ yī shǔ.

这是收据。 이것은 영수증입니다.
Zhè shì shōujù.

没错。谢谢。 맞습니다. 감사합니다.
Méi cuò. Xièxie.

祝您旅游愉快。 즐거운 여행되세요.
Zhù nín lǚ yóu yúkuài.

- 支票 zhīpiào 수표
- 现款 xiànkuǎn 현금
- 美元 Měiyuán 달러
- 兑换 duìhuàn 바꾸다
- 韩元 Hányuán 한국돈
- 收据 shōujù 영수증
- 货币 huòbì 화폐
- 兑换货币 duìhuàn huòbì 교환화폐
- 兑换单 duìhuàndān 환전표
- 钞票 chāopiào 수표
- 大票 dàpiào 고액권
- 小票 xiǎopiào 소액권
- 零钱 língqián 잔돈

在哪儿结账？

Zài nǎr jiézhàng?

어디서 계산을 하지요?

你去那边。

Nǐ qù nà biān.

저쪽으로 가세요.

给我结账。

Gěi wǒ jiézhàng.

계산해 주세요.

购买免税品需要出示你的护照和登机牌。

Gòu mǎi miǎnshuìpǐn xūyào chūshì nǐ de hùzhào hé dēngjīpái.

면세품을 구입하려면 여권과 탑승권이 필요합니다.

在这儿。

Zài zhèr.

여기 있습니다.

一共多少钱？

Yígòng duōshǎo qián?

전부 얼마지요?

打点折儿吧。

Dǎ diǎn zhér ba.

좀 할인해 주세요.

给你打八折。

Gěi nǐ dǎ bā zhé.

20% 할인해 드릴께요.

打折后80000元。

Dǎzhé hòu bā wàn yuán.

할인해서 8만위앤입니다.

可以刷卡吗?
Kěyǐ shuā kǎ ma?
신용카드 사용 가능합니까?

当然可以。
Dāngrán kěyǐ.
당연히 가능하지요.

你们接受什么信用卡?
Nǐmen jiēshòu shénme xìnyòngkǎ?
어떤 신용카드를 받나요?

威士, 万事达来结账也可以。
Wēishì, wànshìdá lái jiézhàng yě kěyǐ.
비자, 마스터카드도 됩니다.

付现金的话更便宜吗 ?
Fù xiànjīn de huà gèng piányi ma?
현금으로 하면 싸게 해 주나요?

可以便宜一点。
Kěyǐ piányi yì diǎn.
조금 싸게 해 줄 수 있습니다.

我能付人民币和美元吗?
Wǒ néng fù Rénmínbì hé Měiyuán ma?
인민폐와 달러로 지불할 수 있나요?

都可以。
Dōu kěyǐ.
다 가능합니다.

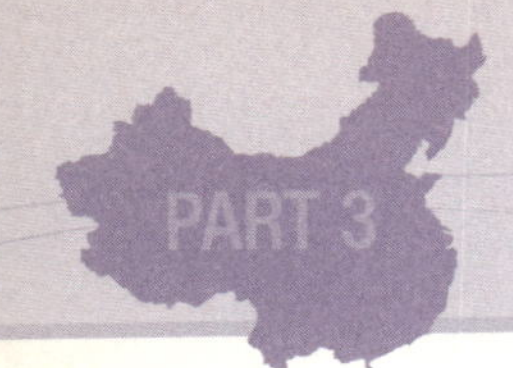

那我要付现金。
Nà wǒ yào fù xiànjīn.
그렇다면 현금으로 지불할게요.

是不是帐单有错误?
Shì bú shì zhàngdān yǒu cuòwù?
계산서에 착오가 있지 않나요?

能再检查一下吗？
Néng zài jiǎnchá yīxià ma?
다시 검사해 보실래요?

你找错钱啦。
Nǐ zhǎo cuò qián lā.
당신께서 잘못 거슬러 주었습니다.

对不起，我算错了。
Duìbùqǐ, wǒ suàn cuò le.
미안합니다. 계산을 잘못 했습니다.

没关系。
Méi guānxì.
괜찮습니다.

能给我个收条吗？
Néng gěi wǒ ge shōutiáo ma?
영수증 주실 수 있나요?

给你发票
Gěi nǐ fāpiào.
영수증 드릴게요.

- 结算 jiésuàn 계산
- 登机牌 dēngjīpái 탑승권
- 威士 wēishì 비자
- 万事达 wànshìdá 마스터
- 帐单 zhàngdān 계산서
- 收条 shōutiáo 영수증
- 发票 fāpiào 영수증
- 日元 Rìyuán 엔화
- 韩币 Hánbì 한화
- 美金 Měijīn 달러
- 旅行支票 lǚxíng zhīpiào 여행자수표
- 国际信用卡 guójì xìnyòngkǎ 국제신용카드

Tip 국제적으로 통용하는 신용카드는 아래와 같은 것이 있습니다.

万事达信用卡 Wànshìdá xìnyòngkǎ 마스터카드

威士信用卡 Wēishì xìnyòngkǎ 비자카드

大莱卡 Dàláikǎ 다이너스카드

환전 필수 상용문형

★ 얼마를 바꿀 것인지 알려주세요.
请告诉我你要换多少。
Qǐng gàosu wǒ nǐ yào huàn duō shǎo.

★ 어떤 화폐로요?
要哪种货币？
Yào nǎ zhǒng huòbì?

★ 바꿀 것이 있나요?
你有什么要换的？
Nǐ yǒu shénme yào huàn de?

★ 어떤 화폐로 바꾸시려고요?
要换哪种货币？
Yào huàn nǎ zhǒng huòbì?

★ 어떤 수표를 원하시나요?
请告诉我要什么钞票。
Qǐng gàosu wǒ yào shénme chāopiào

★ 10위앤짜리 7장 되나요?
7张10元的可以吗？
Qí zhāng shí yuán de kěyǐ ma?

★ 여행자수표로 바꾸실 건가요?
换旅行支票吗？
Huàn lǚxíng zhīpiào ma?

★ 얼마의 액면가를 원하세요?
你要什么面额的？
Nǐ yào shénme miàn é de?

★ 환전표에 서명을 해 주시고 당신의 이름과 주소를 적어주시겠어요?
请在兑换单上签字，写上你的姓名和地址，好吗？
Qǐng zài duìhuàndān shàng qiānzì,xiě shàng nǐ de xìngmíng hé dìzhǐ, hǎo ma?

환전 필수 상용문형

★ 제게 돈 좀 약간 환전해 주실래요?

能否请你给我兑换一些钱？

Néng fǒu qǐng nǐ gěi wǒ duìhuàn yì xiē qián?

★ 이 화폐를 달러로 바꿀 수 있는지 알고 싶어요.

我想知道能否把这些钱兑回成美元。

Wǒ xiǎng zhīdào néng fǒu bǎ zhè xiē qián duì huí chéng Měiyuán.

★ 전부 달러로 바꾸고 싶습니다.

我想把这些都换成美元。

Wǒ xiǎng bǎ zhè xiē dōu huìkuǎn huàn chéng Měiyuán.

★ 이 50달러 지폐를 바꾸고 싶습니다.

我想把这张50美元纸币换开。

Wǒ xiǎng bǎ zhè zhāng wǔshí Měiyuán zhǐbì huàn kāi.

★ 20위앤짜리 5장 1위앤짜리 10장 주세요.

请给我5张20元和10张一元的。

Qǐng gěi wǒ wǔ zhāng èrshí yuán hé shí zhāng yì yuán de.

★ 100달러 지폐로 300달러를 원합니다.

我要300美元票面为100美元的支票。

Wǒ yào sānbǎi Měiyuán piàomiàn wéi yìbǎi Měiyuán de zhīpiào.

★ 5위앤짜리 주세요.

请给我5元票面的。

Qǐng gěi wǒ wǔ yuán piàomiàn de.

★ 영수증을 주실래요?

给我一些小票好吗？

Gěi wǒ yì xiē xiǎopiào hǎo ma?

★ 세관을 통과하는데 무슨 어려움이 있나요?

我过海关有什么困难吗？

Wǒ guò hǎiguān yǒu shénme kùnnán ma?

我想要退货。
Wǒ xiǎng yào tuìhuò.
물건을 반품하려고 합니다.

有什么问题?
Yǒu shénme wèntí?
무슨 문제가 있나요?

有污垢。
Yǒu wūgòu.
얼룩이 있어요.

我想退掉它。
Wǒ xiǎng tuì diào tā.
바꾸고 싶습니다.

换个新的给你。
Huàn ge xīn de gěi nǐ.
새것으로 바꿔드리겠습니다.

你要哪一种?
Nǐ yào nǎ yī zhǒng?
어떤 것으로 원하세요?

我要跟这个一样的。
Wǒ yào gēn zhè ge yīyàng de.
같은 것으로 원합니다.

能换个新的吗？
Néng huàn ge xīn de ma?
새것으로 바꿔주실래요?

为什么?
Wèishénme?
왜요?

颜色有点儿不满意。
Yánsè yǒu diǎnr bù mǎnyì.
색깔이 조금 마음에 안 들어요.

好的。 그럴게요.
Hǎo de.

你要什么颜色的? 무슨 색깔을 원하세요?
Nǐ yào shénme yánsè de?

我要红色的。 붉은 색으로 주세요.
Wǒ yào hóngsè de.

给你。 여기 있습니다.
Gěi nǐ.

对不起,给您添麻烦了。 번거롭게 해 드려, 죄송합니다.
Duìbùqǐ, gěi nín tiān máfan le.

不客气，欢迎下次再来。 별말씀을요, 다음에 또 오세요.
Búkèqì, huānyíng xiàcì zài lái.

- 退货 tuìhuò 물건을 반품하다
- 污垢 wūgòu 얼룩
- 退掉 tuìdiào 바꾸다
- 满意 mǎnyì 만족하다
- 添 tiān 첨가하다
- 麻烦 máfan 번거롭게 하다

긴급상황 필수표현

★ 신용카드를 잃어버렸어요.
我丢了信用卡。
Wǒ dīu le xìnyòngkǎ.

★ 지갑을 도난당했습니다.
我的钱包被偷啦。
Wǒ de qiánbāo bèi tōu la.

★ 지갑을 택시에 놓고 잊었어요.
我把钱包忘在出租车上啦。
Wǒ bǎ qiánbāo wàng zài chūzūchē shàng la.

★ 제가 떠날 때 여권이 보이지 않는 것을 알았어요.
当我离开的时候发现我的护照不见啦。
Dāng wǒ líkāi de shíhou fāxiàn wǒ de hùzhào bú jiàn la.

★ 지갑을 도난당했어요.
我的钱包叫扒手偷啦。
Wǒ de qiánbāo jiào páshǒu tōu la.

★ 당신은 여기에 가방이 있는 것을 보았나요?
你看见这儿有个包了吗？
Nǐ kànjian zhèr yǒu ge bāo le ma?

★ 누구한테 알려야 하나요?
我应该告诉谁？
Wǒ yīnggāi gàosù shuí?

★ 분실물 센터는 어디 있나요?
失物招领处在哪儿？
Shīwù zhāolǐngchù zài nǎr?

★ 경찰서는 어디 있나요?
警察局在哪儿？
Jǐngchájú zài nǎr?

긴급상황 필수표현

Track 24

★ 가방을 여기 두었는데, 돌아와 보니 없어졌어요.

我把包放在这儿啦，但是我回来就不见啦。

Wǒ bǎ bāo fàng zài zhèr lā, dànshì wǒ huílái jiù bú jiàn lā.

★ 좀 찾아주실래요?

你能帮我找一下吗？

Nǐ néng bāng wǒ zhǎo yí xià ma?

★ 어떤 것인데요?

什么样的包？

shénmeyàng de bāo?

★ 검은색 가방이요.

黑色的包

Hēisè de bāo.

★ 태그에 이름이 있나요?

有名字标签吗?

Yǒu míngzì biāoqiān ma?

★ 안에 무엇이 있나요?

里面有什么东西？

lǐ miàn yǒu shénme dōngxī?

★ 여분의 옷가지와 시내지도요.

我的几件衣服和市区地图。

Wǒ de jǐ jiàn yīfu hé shìqū dìtú.

★ 만약 찾게 되면 연락드릴께요.

如果我们找到了会给你打电话。

Rúguǒ wǒmen zhǎo dào le huì gěi nǐ dǎ diànhuà.

★ 표를 작성해 주실래요?

能把表填一下吗？

Néng bǎ biǎo tián yí xià ma?

★ 연락주소를 써주세요.
请写下联系地址。
Qǐng xiě xià liánxì dìzhǐ.

★ 여기서 얼마나 계셨죠?
你在这儿多久啦？
Nǐ zài zhèr duōjiǔ lā?

★ 언제 결과를 알 수 있나요?
什么时候我能知道结果？
shénme shíhou wǒ néng zhīdào jiéguǒ?

★ 여권을 잃어버렸어요.
我的护照丢啦。
Wǒ de hùzhào dīu la.

★ 중국대사관은 어디 있나요?
中国大使馆在哪儿？
Zhōngguó dàshǐguǎn zài nǎr?

★ 중국어 스태프를 불러줄 수 있나요?
能找个会中文的员工吗？
Néng zhǎo ge huì Zhōngwén de yuángōng ma?

★ 여행자 수표를 잃어버렸어요.
我的旅行支票丢啦。
Wǒ de lǚxíng zhīpiào dīu lā.

★ 다시 발행할 수 있나요?
能重新开一下吗？
Néng chóngxīn kāi yī xià ma?

★ 이것은 저의 수표기록입니다.
这是我的支票记录。
Zhè shì wǒ de zhīpiào jìlù.

★ 다시 발행하면 얼마나 걸리나요?

重新开需要多久?

Chóngxīn kāi xūyào duōjiǔ?

★ 이번 사고의 증명서를 줄 수 있나요?

可以给我开个这次事故的证明书吗？

Kěyǐ gěi wǒ kāi gè zhè cì shìgù de zhèngmíngshū ma?

★ 제게 이번 도난사건을 증명해 줄 수 있나요?

能给我开个这起偷盗事件的证明吗？

Néng gěi wǒ kāi gè zhè qǐ tōudào shìjiàn de zhèngmíng ma?

★ 지갑과 신용카드를 잃어버렸습니다.

我丢了钱包和信用卡。

Wǒ dīu le qiánbāo hé xìnyòngkǎ.

★ 제 카드번호를 취소해 줄 수 있나요?

能取消我的卡号吗?

Néng qǔxiāo wǒ de kǎ hào ma?

우리하고는 다른 중국의 긴급전화 번호는 아래와 같습니다.

경보전화	报警电话	bàojǐng diànhuà	110
화재전화	火警电话	huǒjǐng diànhuà	119
응급센터	急救中心	jíjiù zhōngxīn	120
교통사고	交通事故	jiāotōng shìgù	122

물품구매 필수표현

★ 이거 얼마입니까?

这个多少钱？

Zhè ge duōshǎo qián?

★ 입어 봐도 됩니까?

我可以穿上试试吗？

Wǒ kěyǐ chuān shàng shìshi ma?

★ 무슨 브랜드를 사려고 하세요?

想买什么牌子的?

Xiǎng mǎi shénme páizi de?

★ 다른 색을 보여주세요.

请给我看看别的颜色。

Qǐng gěi wǒ kànkan biéde yánsè.

★ 다른 디자인을 보여주세요.

请给我看看别的款式。

Qǐng gěi wǒ kànkan biéde kuǎnshì.

★ 약간 젊은이가 좋아하는 것으로 추천해 주실래요?

你能推荐我一些年轻人喜欢的吗？

Nǐ néng tuījiàn wǒ yì xiē niánqīngrén xǐhuān de ma?

★ 2층에서는 무엇을 파나요?

你们在2楼卖什么？

Nǐmen zài èr lóu mài shénme?

★ 번거롭지만 저 좀 도와주실래요?

打扰一下。能帮我一下吗？

Dǎrǎo yí xià. Néng bāng wǒ yī xià ma?

★ 수영복을 사고 싶은데 어디서 살 수 있나요?

我想买件泳衣。在哪儿能买到？

Wǒ xiǎng mǎi jiàn yǒngyī. Zài nǎr néng mǎi dào?

물품구매 필수표현

★ 이곳에 무슨 특별한 것이 있나요?

在这儿有什么特别的吗？

Zài zhèr yǒu shénme tèbié de ma?

★ 스웨터가 있나요?

你有毛线衫吗？

Nǐ yǒu máo xiànshān ma?

★ 작은 싸이즈의 스웨터 좀 보여주실래요?

能给我看看一些小号的毛线衫吗？

Néng gěi wǒ kànkan yī xiē xiǎohào de máo xiànshān ma?

★ 이걸 보고 싶습니다.

我想看看这个。

Wǒ xiǎng kànkan zhè ge.

★ 저처럼 이렇게 큰 사이즈를 찾을 수 있나요?

能找个像我这么大号的吗？

Néng zhǎo gè xiàng wǒ zhème dàhào de ma?

★ 내려도 될까요?

我能拿下来吗？

Wǒ néng ná xiàlái ma?

★ 이것과 같은 것이 있나요?

你有像这个一样的吗？

Nǐ yǒu xiàng zhè ge yíyàng de ma?

★ 저는 쇼윈도에 있는 것을 원합니다.

我想要个橱窗里的。

Wǒ xiǎng yào gè chúchuāng li de.

★ 다른 것을 보여주실래요?

能给我看看另一件吗？

Néng gěi wǒ kànkan lìng yí jiàn ma?

★ 무슨 색깔이 있나요?
你们有什么颜色的？
Nǐmen yǒu shénme yánsè de?

★ 저는 10살짜리 셔츠를 찾고 있습니다.
我想给10岁的小孩买衬衫。
Wǒ xiǎng gěi shí suì de xiǎohái mǎi chènshān.

★ 작은 사이즈 있나요?
你有一些小号的吗？
Nǐ yǒu yī xiē xiǎohào de ma?

★ 다른 스타일도 있나요?
你有其他风格的吗？
Nǐ yǒu qítā fēnggé de ma?

★ 빨간색이 있나요?
有红色的吗？
Yǒu hóngsè de ma?

★ 저는 캐주얼을 좋아합니다.
我喜欢随意的风格。
Wǒ xǐhuan suíyì de fēnggé.

★ 이것은 제가 찾는 것이 아닙니다.
这不是我要找的。
Zhè bú shì wǒ yào zhǎo de.

★ 이것은 너무나 커요.
这个太大啦。
Zhè ge tài dà lā.

★ 더 큰 것이 있나요?
你有更大的吗？
Nǐ yǒu gèng dà de ma?

★ 이것은 너무 수수해요.
这个太素。
Zhè ge tài sù.

★ 저는 이색(디자인)을 좋아하지 않아요.

我不喜欢这个颜色(设计)。

Wǒ bù xǐhuan zhè ge yánsè(shèjì).

★ 이것으로 다른 색깔있나요?

你有其他颜色的吗？

Nǐ yǒu qítā yánsè de ma?

★ 저는 면으로 된 것이 좋아요.

我喜欢棉制的。

Wǒ xǐhuan miánzhì de.

★ 무슨 건의가 있나요?

你有什么建议？

Nǐ yǒu shénme jiànyì?

★ 입어 봐도 될까요?

我可以试穿吗？

Wǒ kěyǐ shìchuān ma?

★ 탈의실이 어디 있나요?

换衣间在哪儿？

Huànyījiān zài nǎr?

★ 이것이 제 사이즈입니다.

这是我的号。

Zhè shì wǒ de hào.

★ 제가 입어볼 수 있나요?

我能穿一下吗？

Wǒ néng chuān yī xià ma?

★ 제가 무슨 사이즈를 입어야하나요?

我应该穿多大号的？

Wǒ yīnggāi chuān duōdà hào de?

★ 치수를 재어 주실래요?

能给我量一下吗？

Néng gěi wǒ liáng yī xià ma?

★ 흰색이 있나요?
你有白色的吗？
Nǐ yǒu bái sè de ma?

★ 별도로 포장해 주실래요?
能分开包装吗？
Néng fēnkāi bāozhuāng ma?

★ 그거 선물로 포장해 줄래요?
有礼盒装吗？
Yǒu lǐ hé zhuāng ma?

★ 종이백 하나 주실래요?
能给我个纸袋吗？
Néng gěi wǒ gè zhǐdài ma?

★ 한국에서 구매하는 전기제품은 중국에서 사용할 수 있나요?
请问在韩国购买的电子产品在中国可以用吗？
Qǐng wèn zài Hánguó gòumǎi de diànzǐ chǎnpǐn zài Zhōngguó kěyǐ yòng ma?

★ 한국과 중국은 모두 220볼트 전압을 사용합니다.
韩国与中国相同，都是使用220伏电压。
Hánguó yǔ Zhōngguó xiāngtóng，dōu shì shǐ yòng èrbáièrshí fú diànyā.

★ 탑승시간을 기억해야 합니다.
你要记得登机时间。
Nǐ yào jìdé dēngjī shíjiān.

★ 면세품의 종류는 많이 있습니다.
免税品的种类很多。
Miǎnshuìpǐn de zhǒnglèi hěn duō.

★ 면세품은 어떻게 사야하나요?
怎么购买免税品？
Zěnme gòumǎi miǎnshuìpǐn?

★ 영수증을 보관하세요.
注意保管发票。
Zhùyì bǎoguǎn fāpiào.

★ 면세품도 수량 제한이 있습니다.

免税品也有数量限制。

Miǎnshuìpǐn yě yǒu shùliàng xiànzhì.

★ 면세 금액을 초과하게 되면 세금을 내야하고, 각 나라마다 규정이 다릅니다.

超过免税限额也须交税，各国规定不同。

Chāoguò miǎnshuì xiàné yě xū jiāoshuì gèguó guīdìng bùtóng.

★ 모든 면세품이 다 싼 것은 아닙니다.

未必所有免税品都会便宜。

Wèi bì suǒyǒu miǎnshuìpǐn dōu huì piányi.

★ 비행기에서도 면세품을 살 수 있습니다.

飞机上也可以买到免税品。

Fēijī shàng yě kěyǐ mǎi dào miǎnshuìpǐn.

★ 비행기 면세품은 브랜드와 물건이 면세점보다는 많지 않습니다.

飞机上免税品品牌及货品可能不如免税店多。

FēiJī shàng miǎnshuìpǐn pǐnpái jí huòpǐn kěnéng bùrú miǎnshuìdiàn duō.

★ 당신이 좋아하는 상품은 무엇입니까?

你喜欢的商品是什么?

Nǐ xǐhuan de shāngpǐn shì shénme?

★ 같은 디자인으로 다른 색깔 있나요?

同样的款式有其他颜色吗?

Tóngyàng de kuǎnshì yǒu qítā yánsè ma?

★ 이것은 금년에 유행하는 디자인입니다.

这是今年流行的款式。

Zhè shì jīnnián liúxíng de kuǎnshì.

★ 세금이 포함된 건가요?

包括税吗?

Bāokuò shuì ma?

★ 최저 얼마까지 해 줄 수 있나요?

最低你能出什么价?

Zuìdī nǐ néng chū shénme jià?

★ 뭘 찾으세요?
你在找什么?
Nǐ zài zhǎo shénme?

★ 무슨 브랜드가 좋죠?
什么牌子好?
shénme páizi hǎo?

★ 싸게 해 주면 사죠.
便宜点就买。
Piányi diǎn jiù mǎi.

★ 사이즈가 맞지 않아요.
大小不合适。
Dàxiǎo bù héshì.

★ 몇 호를 입으시나요?
你穿多大号的?
Nǐ chuān duōdà hào de?

★ 저는 M / L / XL를 입습니다.
我穿S(M / L / XL)。
Wǒ chuān S(M / L / XL).

★ 중간 사이즈를 입습니다.
我穿中号的。
Wǒ chuān zhōnghào de.

★ 탈의실이 어디죠?
更衣室在哪儿?
Gēngyīshì zài nǎr?

★ 물세탁할 수 있나요?
可以水洗吗?
Kěyǐ shuǐxǐ ma?

★ 더 이상 싸게 해 줄 수 없습니다.
不能再低了。
Bù néng zài dī le.

★ 최저 70위앤입니다.

最低七十元。

Zuìdī qī shí yuán.

★ 쇼핑백에 넣어주세요.

放在纸袋里。

Fàng zài zhǐdài lǐ.

★ 선물할거니, 포장 좀 잘 해주세요.

要送人的，请帮我包好。

Yào sòng rén de, qǐng bāng wǒ bāo hǎo.

★ 도금한 것인가요?

是镀金的嗎?

Shì dùjīn de ma?

★ 보증서가 있나요?

有没有保证书?

Yǒu méiyou bǎozhèngshū?

★ 이 주소로 부쳐주세요.

寄到这个地址。

Jì dào zhè ge dìzhǐ.

★ 귀엽지 않나요?

不觉得很可爱吗?

Bù juéde hěn kěài ma?

★ 얼마 할인되나요?

打几折?

Dǎ jǐ zhé?

★ 10%

九折。

Jiǔ zhé.

★ 15%

八五折。

Bā wǔ zhé.

★ 정찰제인가요?
不二价的吗?
Bú èr jià de ma?

★ 우대 상품인가요?
是优惠产品吗?
Shì yōuhuì chǎnpǐn ma?

★ 하나사면 하나 더 드립니다.
买一送一。
Mǎi yī sòng yī.

★ 수입품 좀 보여주세요.
让我看看进口货。
Ràng wǒ kànkan jìnkǒuhuò.

★ 여기는 가격도 우대도 가장 많고, 가격도 가장 싼 면세점입니다.
这里是优惠最多，价格最便宜的免税店。
Zhè li shì yōuhuì zuì duō, jiàgé zuì piányi de miǎnshuìdiàn.

★ 어디에 가장 큰 쇼핑센터가 있나요?
哪儿有最大的购物中心？
Nǎr yǒu zuìdà de gòuwù zhōngxīn?

★ 부근 어디에 백화점이 있나요?
附近哪儿有百货商店？
Fùjìn nǎr yǒu bǎihuò shāngdiàn?

★ 어떻게 그곳에 가는지 알려주실래요?
能告诉我怎么到那儿吗？
Néng gàosu wǒ zěnme dào nàr ma?

★ 가장 가까운 슈퍼마켓은 어디 있나요?
最近的超市在哪儿？
Zuìjìn de chāoshì zài nǎr?

★ 어디에서 필름을 살 수 있나요?
在哪儿能买到胶卷？
Zài nǎr néng mǎi dào jiāojuǎn?

★ 가죽옷 한 벌을 사고 싶은데, 좋은 괜찮은 상점 알려주실래요?

我要买一件皮衣。能介绍个好的商店吗？

Wǒ yào mǎi yí jiàn píyī. Néng jièshào gè hǎo de shāngdiàn ma?

★ 이 도시에는 무슨 특산품이 있나요?

这个城市有什么特产？

Zhè ge chéngshì yǒu shénme tèchǎn?

★ 어디서 살 수 있나요?

我在哪里能买到?

Wǒ zài nǎli néng mǎi dào?

★ 상점이 언제 영업을 시작하나요?

什么时候商店开始营业？

Shénme shíhou shāngdiàn kāishǐ yíngyè?

면세점 실무용어

✦ 면세품	免税品 miǎnshuìpǐn
✦ 출국자	出境者 chūjìngzhě
✦ 안전검사	安检 ānjiǎn
✦ 구매하다	购买 gòumǎi
✦ 허리띠	腰带 yāodài
✦ 수량제한	数量限制 shùliàng xiànzhì
✦ 초과하다	超过 chāoguò
✦ 면세한도	免税限额 miǎnshuì xiàn é
✦ 세금을 내다	交税 jiāoshuì
✦ 규정	规定 guīdìng
✦ 면세점 목록	免税店目录 miǎnshuìdiàn mùlù
✦ 항공사	航空公司 hángkōng gōngsī
✦ 액체물품	液态物品 yètài wùpǐn
✦ 몸에 지니다	随身携带 suíshēn xiédài
✦ 관광객	旅客 lǚkè
✦ 안전조치	安检措施 ānjiǎn cuòshī
✦ 탑승구	登机口 dēngjīkǒu
✦ 팔다	出售 chūshòu
✦ 제공하다	提供 tígōng
✦ 비닐봉지	塑料袋 sùliàodài
✦ 찾다	领取 lǐngqǔ
✦ 포장하다	包装 bāozhuāng
✦ 만족하다	满足 mǎnzú
✦ 김치	泡菜 pàocài
✦ 김	海苔 hǎitái
✦ 초코렛	巧克力 qiǎokèlì
✦ 편의용품	便利品 biànlìpǐn
✦ 잘 팔리는 상품	热销商品 rèxiāo shāngpǐn
✦ 물품구매서	购物单 gòuwùdān
✦ 유명브랜드	名牌 míngpái
✦ 공항면세점	机场免税店 jīchǎng miǎnshuìdiàn
✦ 상점	商店 shāngdiàn
✦ 담배	香烟 xiāngyān
✦ 지갑	钱包 qiánbāo

✦ 영업사원	营业员 yíngyèyuán
✦ 탑승시간	登机时间 dēngjī shíjiān
✦ 수속	手续 shǒuxù
✦ 세관	海关 hǎiguān
✦ 허리띠	腰带 yàodài
✦ 수입관세	进口关税 jìnkǒu guānshuì
✦ 주의하다	注意 zhùyì
✦ 할인하다	打折 dǎzhé
✦ 보이다	出示 chūshì
✦ 지불하다	掏钱 tāoqián
✦ 국제	国际 guójì
✦ 국내	国内 guónèi
✦ 출발하다	出发 chūfā
✦ 도착하다	到达 dàodá
✦ 점포	店铺 diànpù
✦ 서비스	服务 fúwù
✦ 휴대하다	携带 xiédài

✦ 초과하다	超过 chāoguò
✦ 중량	重量 zhòngliàng
✦ 빠르다	快捷 kuàijié
✦ 식품	食品 shípǐn
✦ 시계	手表 shǒubiǎo
✦ 의복	服饰 fúshì
✦ 상품	商品 shāngpǐn
✦ 가격	价格 jiàgé
✦ 특색	特色 tèsè
✦ 선택하다	选择 xuǎnzé
✦ 추천하다	推荐 tuījiàn
✦ 고려하다	考虑 kǎolǜ
✦ 싸다	便宜 piányi
✦ 비싸다	贵 guì
✦ 준비하다	准备 zhǔnbèi
✦ 서비스	服务 fúwù
✦ 외국어 서비스	外语服务 wàiyǔ fúwù

면세점 실무용어

✦ 고객	顾客 gùkè
✦ 문의처	咨询处 zīxúnchù
✦ 관련정보	有关信息 yǒuguān xìnxī
✦ 변경날짜	变更日期 biàngēng rìqī
✦ 출국	出国 chūguó
✦ 휴무일	休息日 xiūxīrì
✦ 한국관광	韩国旅游 hánguó lǚyóu
✦ 기념품	纪念品 jìniànpǐn
✦ 면세점쇼핑	免税店购物 miǎnshuìdiàn gòuwù
✦ 마음 놓다	放心 fàngxīn
✦ 기분이 좋다	开心 kāixīn
✦ 잡화	杂货 záhuò
✦ 디지털	数码 shùmǎ
✦ 전자제품	电子产品 diànzǐ chǎnpǐn
✦ 계산대	收银台 shōuyíntái
✦ 소비하다	消费 xiāofèi
✦ 서울	首尔 Shǒu′ ěr 首都 shǒudū

✦ 한국관광공사	韩国观光公社 Hánguó guānguāng gōngshè
✦ 공연	表演 biǎoyǎn
✦ 우대	优惠 yōuhuì
✦ VIP우대	VIP优惠 VIP yōuhuì
✦ 지불하다	付款 fùkuǎn
✦ 세계명품	世界名品 shìjiè míngpǐn
✦ 한류	韩流 hánliú
✦ 판매원	售货员 shòuhuòyuán
✦ 담배	烟 yān
✦ 의류	服装 fúzhuāng
✦ 선글라스	太阳镜 tàiyángjìng
✦ 여권	护照 hùzhào
✦ 비행기표	机票 jīpiào
✦ 호텔	饭店 fàndiàn
✦ 호텔예약	酒店预订 jiǔdiàn yùdìng
✦ 쉐라톤 워커힐	华克山庄 Huákè shānzhuāng
✦ 연중무휴	全年无休 quánnián wúxiū

✦ 서비스 태도	服务态度 fúwù tàidù
✦ 상당히 괜찮다	相当不错 xiāngdāng búcuò
✦ 안배하다	安排 ānpái
✦ 삼계탕	参鸡汤 shēnjītāng
✦ 넥타이	领带 lǐngdài
✦ 무료	免费 miǎnfèi
✦ 짐	行李 xíngli
✦ 맛	味道 wèidào
✦ 재래시장	老式市场 lǎoshì shìchǎng
✦ 롱징차	龙井茶 lóngjǐng chá
✦ 장갑	手袋 shǒudài
✦ 가죽제품	皮革制品 pígé zhìpǐn
✦ 삐루춘차	碧螺春茶 bìluóchūn chá
✦ 옷을 입다	穿衣 chuānyī
✦ 모자를 쓰다	戴帽 dàimào
✦ 거울을 보다	照镜子zhào jìngzi
✦ 품질도 좋고 가격도 싸다	物美价廉 wù měi jià lián

✦ 관세	关税 guānshuì
✦ 신고하다	申报 shēnbào
✦ 입국하다	入境 rùjìng
✦ 여권	护照 hùzhào
✦ 관광	旅游 lǚyóu
✦ 머물다	停留 tíngliú

다른 스타일이 있나요?

Do you have another design?

你有别的款式吗？
Nǐ yǒu biéde kuǎnshì ma？

작은 것이 있나요?

Do you have one a little smaller?

你有小一点的吗？
Nǐ yǒu xiǎo yì diǎn de ma？

할인되나요?

Can I get a little discount?

能打折吗？
Néng dǎzhé ma？

또 다른 것이 필요하신가요?

Anything else?

还需要别的吗？
Hái xūyào bié de ma？

보기에 어때요?

How do I look?

看起来怎么样？
Kàn qǐlái zěnmeyàng？

무엇으로 만든거죠?

What is this made of?

用什么做的？
Yòngshénme zuò de？

이거 너무 예쁘네요.

This is very beautiful.

这个非常漂亮。

Zhè ge fēicháng piàoliang.

당신은 정말 눈썰미가 있으십니다.

You have got good taste.

你真有眼力。

Nǐ zhēn yǒu yǎnlì.

너무나 비싸요.

It's too expensive for me.

太贵啦。

Tài guì lā.

여기에 환전소가 있나요?

Is there a money exchange counter?

这儿有换钱的地方吗？

Zhèr yǒu huànqián de dìfang ma ?

뭐 사시려고요?

Can I help you find anything?

想买点什么？

Xiǎng mǎi diǎn shénme?

어때요?

How is it?

怎么样？

Zěnmeyàng?

좀 큽니다.

It's a bit bigger.

大了点儿。

Dà le diǎnr.

조금 작습니다.

A bit small.

有点儿小。

Yǒu diǎnr xiǎo.

이거 입어(신어)보세요.

Try it on.

试试这个。

Shìshi zhè ge.

잘 맞네요.

It suits me well.

很舒服。

Hěn shūfu.

그냥 보는 겁니다.

We are just looking.

随便看看。

Suíbiàn kànkan.

좋아하시는 것이 있으면 입어보셔도 됩니다.

You may try on whatever you like.

喜欢哪件可以试穿。

Xǐhuan nǎ jiàn kěyǐ shìchuān.

몇호로 원하세요?

What size?

要多大号的？

Yào duōdà hào de?

무슨 색깔을 원하세요?

What color would you like?

你要什么颜色的？

Nǐ yào shénme yánsè de?

당신이 보시기에 이건 어때요?

Look, what about this one?

你看，这一件怎么样？

Nǐ kàn, zhè yí jiàn zěnmeyàng?

이건 맞지 않네요.

It doesn't fit.

这个不合适。

Zhè ge bù héshì.

안녕하세요, 제가 도와드릴까요?

Hello, may I help you?

你好，我能帮你吗？

Nǐ hǎo, wǒ néng bāng nǐ ma ?

그냥 보려고요, 감사합니다.

I'm just looking. Thank you.

就是看看，谢谢。

Jiù shì kànkan, xièxie.

정말 예쁘네요!

It's beautiful!

真漂亮!

Zhēn piàoliang!

이거 얼마죠?

How much is this?

这个多少钱?

Zhè ge duōshǎo qián?

너무 비쌉니다.

Too expensive.

太贵了。

Tài guì le.

드릴께요. 당신은 정말로 흥정을 잘 하시네요.

Ok,
you are really good at bargaining.

那好给你了。你真会讨价还价。

Nà hǎo gěi nǐ le. Nǐ zhēn huì tǎojià huánjià.

번거롭지만, 저 좀 도와주실래요?

Excuse me, can you help me?

打扰一下。能帮我一下吗？

Dǎrǎo yí xià. Néng bāng wǒ yí xià ma ?

이걸 보고 싶습니다.

I'd like to see this.

我想看看这个。

Wǒ xiǎng kànkan zhè ge.

다른 것을 보여주실래요?

Could you
show me another one?

能给我看看另一件吗？

Néng gěi wǒ kànkan lìng yí jiàn ma ?

무슨 색깔이 있나요?

What kind of colors do you have?

你们都有什么颜色的？

Nǐmen dōu yǒu shénme yánsè de ?

작은 사이즈 있나요?

Do you have anything smaller?

有一些小号的吗？

Yǒu yī xiē xiǎohào de ma ?

다른 스타일도 있나요?

Do you have any other style?

有其他风格的吗？

Yǒu qítā fēnggé de ma ?

이것으로 다른 색깔 있나요?

Do you have the same thing in any other colors?

这个还有其他颜色的吗？

zhè ge hái yǒu qítā yánsè de ma ?

탈의실이 어디 있나요?

Where is the fitting room?

换衣间在哪儿？

Huànyījiān zài nǎr ?

신용카드 사용 가능합니까?

Do you accept credit card?

可以刷卡吗？

Kěyǐ shuā kǎ ma ?

별도로 포장해 주실래요?

Can you wrap these separately?

能分别包装吗？

Néng fēnbié bāozhuāng ma ?

할인되나요?

Could you give me a little discount?

能打些折吗？

Néng dǎ xiē zhé ma ?

그것을 면세로 살 수 있나요?

Can I buy it tax-free?

这个能免税吗？

Zhè ge néng miǎnshuì ma ?

여행자수표를 받나요?

Do you accept traveler's checks?

你们接受旅行支票吗？

Nǐmen jiēshòu lǚxíng zhīpiào ma?

이 신용카드를 받나요?

Do you accept this credit card?

你们能用这种信用卡吗？

Nǐmen néng yòng zhè zhǒng xìnyòngkǎ ma?

영수증 주실 수 있나요?

Can I have a receipt, please.

能给我个收条吗？

Néng gěi wǒ gè shōutiáo ma?

아주 유행입니다.

Very popular.

非常流行。

Fēicháng liúxíng.

이 스타일이 괜찮나요?

How about this style?

这个款式可以吗？

Zhè ge kuǎnshì kěyǐ ma ?

딱 좋은 것 같아요.

I think it's just OK.

我觉得正好。

Wǒ juéde zhèng hǎo.

입어봐도 될까요?

May I try it on?

可以试一下吗？

Kěyǐ shì yī xià ma ?

이것 입어보세요.

Try this one, please.

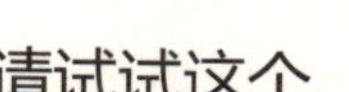

请试试这个。

Qǐng shì shì zhè ge.

무슨 문제가 있나요?

What is the problem?

有什么问题吗？

Yǒu shénme wèntí ma ?

이것 어때요?

How about this?

看看这件怎么样？

Kàn kàn zhè jiàn zěnmeyàng ?

괜찮네요, 그렇지 않아요?

It's not bad, is it?

不错，不是吗？

Bú cuò，bù shì ma ?

당신이 입으니 젊어보여요.

It makes you look young.

穿起来显得很年轻。

Chuān qǐ lái xiǎn dé hěn niánqīng.

저기 가서 지불하세요.

Please go there to pay for it.

请到那边付钱。

Qǐng dào nàbiān fùqián.

3개사면 1개 드립니다.

If you buy three pairs,
you can get one free.

买3送1。

Mǎi sān sòng yì.

전부 얼마죠?

How much are they in all?

一共多少钱？

Yīgòng duōshǎo qián ?

저의 기쁨입니다.

It's my pleasure.

很高兴为你服务。

Hěn gāoxìng wèi nǐ fúwù.

저기 있습니다, 저를 따라 오세요.

They are over there . Follow me.

在那边。请跟我来。

Zài nà biān. qǐng gēn wǒ lái.

좋습니다, 저 좀 볼께요.

OK. Let me see.

太好了。让我看看。

Tài hǎo le. Ràng wǒ kàn kàn.

이것은 특가입니다.

This is a special price.

这是特价。

Zhè shì tèjià.

가격에 만족하실 겁니다.

You'll be satisfied with the price.

你会对价格满意的。

Nǐ huì duì jiàgé mǎnyì de.

이것이 지금 가장 유행하는 겁니다.

This is the most popular now.

这是目前最流行的。

Zhè shì mùqián zuì liúxíng de.

이것은 우리 매장에서 제일 예쁜겁니다.

It's the most beautiful one in our shop.

这是我们这儿最漂亮的。

Zhè shì wǒmen zhèr zuì piàoliang de.

같은 디자인으로 붉은색이 있나요?

Do you have the same design in red?

同样的款式有红色的吗？

Tóngyàng de kuǎnshì yǒu hóngsè de ma？

여기 있습니다.

Here you are.

给你。

Gěi nǐ.

우리 매장에 다시 오심을 환영합니다.

Welcome to our shop again.

欢迎你再次光临我们店。

Huānyíng nǐ zàicì guānglín wǒmen diàn.

거울 앞에서 보세요.

Try it on in front of the mirror.

在镜子前试试。

Zài jìngzǐ qián shì shì.

어떤 스타일이 제게 어울릴까요?

What kind of style suits me?

什么样的款式适合我？

Shénmeyàng de kuǎnshì shìhé wǒ？

가격에 만족하실 겁니다.

You'll be satisfied with the price.

你会对价格满意的。

Nǐ huì duì jiàgé mǎnyì de.

저는 이 브랜드를 써본 적이 없습니다.

I have never used this brand.

我没用过这个牌子。

Wŏ méi yòng guò zhè ge páizĭ.

이쪽입니다.

This way, please.

这边请。

Zhè biān qĭng.

이것은 유명한 브랜드입니다.

It's a famous brand.

这是一个著名的品牌。

Zhè shì yí gè zhùmíng de pĭnpái.

올해 가장 잘 팔리는 것은 어느 모델이죠?

Which model is the best seller of this year?

今年最畅销的是哪个款式？

Jīnnián zuì chàngxiāo de shì nă gè kuănshì ?

영수증을 보관 잘 하세요.

Keep your receipt.

保管好你的收据。

Băoguăn hăo nĭ de shōujù.

품질이 괜찮습니다.

It's of good quality.

质量很好。

Zhì liang hĕn hăo.

포장해드릴게요.

I'll wrap it up for you.

我帮你包起来。

Wŏ bāng nĭ bāo qĭ lái.

얼마나 사시려고요?

How much do you want?

你要买多少？

Nǐ yào mǎi duōshǎo？

오래 기다리게 했습니다.

Thank you for waiting.

让你久等了。

Ràng nǐ jiǔ děng le.

돈으로 돌려 드릴까요?

Would you like a refund?

你要退钱吗？

Nǐ yào tuìqián ma？

어디서 만든거죠?

Where is it made?

是哪里生产的？

Shì nǎ lǐ shēngchǎn de？

비싼편이 아닙니다.

Not very expensive.

不算很贵。

Bú suàn hěn guì.

어떻게 팔죠?

How much do you sell?

怎么卖？

Zěnme mài？

서비스가 좋군요.

Your service is good.

你们的服务很好。

Nǐmen de fúwù hěn hǎo.

영수증이 없습니다.

I don't have a receipt.

我没有收据。

Wǒ méiyǒu shōujù.

이 물건 반품하고 싶습니다.

I'd like to return this.

我想退这个东西。

Wǒ xiǎng tuì zhè ge dōngxi.

현금으로 지불하시겠습니까, 신용카드로 하시겠습니까?

Cash or credit(card)?

你要付现金还是信用卡？

Nǐ yào fù xiànjīn hái shì xìnyòngkǎ ?

뭐 사시려고요?

Anything I can do for you?

想买点什么？

Xiǎng mǎi diǎn shénme ?

당신이 좋아하는 것이 있나요?

Are there any one you like?

有你喜欢的吗？

Yǒu nǐ xǐhuan de ma ?

별말씀을요, 또 뵙겠습니다.

You are welcome. Good bye.

不客气。再见。

Bú kè qì. Zàijiàn.

천천히 보세요.

Please take your time.

请慢慢看。

Qǐng màn màn kàn.

도움이 필요하시면 말씀하세요.

Tell me if you need any help.

如果需要帮忙请告诉我。

Rúguǒ xūyào bāngmáng qǐng gàosù wǒ.

어떤 스타일을 좋아하세요?

What style do you like?

你喜欢什么款式的？

Nǐ xǐhuan shénme kuǎnshì de ?

얼마나 필요하세요?

How much do you need?

你需要多少？

Nǐ xūyào duōshǎo ?

카드 쓸 수 있나요?

Could I pay it with my credit card?

能用信用卡吗？

Néng yòng xìnyòngkǎ ma ?

당연하지요.

Certainly.

当然可以。

Dāngrán kěyǐ.

달러 받나요?

Do you take U.S. dollars?

你们收美元吗？

Nǐmen shōu měiyuán ma ?

카드와 영수증입니다.

Here is your card and receipt.

给你卡和收据。

Gěi nǐ kǎ hé shōujù.

거스름돈입니다.

Here is your change.

这是找你的零钱。

Zhè shì zhǎo nǐ de língqián.

우리는 현금만 받습니다.

We accept cash only.

我们只收现金。

Wǒmen zhǐ shōu xiànjīn.

영수증을 주세요.

Please give me the receipt.

请把收据给我。

Qǐng bǎ shōujù gěi wǒ.

잠시 기다려주세요.

Wait a moment, please.

请稍等。

Qǐng shāo děng.

느낌이 어때요?

How do you feel?

感觉怎么样？

Gǎnjué zěnmeyàng ?

이것을 입어보세요.

Try this one, please.

请试一下这一件。

Qǐng shì yí xià zhè yí jiàn.

어떤 색깔을 좋아하세요?

What color would you like?

你喜欢哪种颜色？

Nǐ xǐhuan nǎ zhǒng yánsè ?

또 무엇인가 필요하세요?

What else can I do for you?

你还需要什么？

Nǐ hái xūyào shénme ?

이것이 바로 당신이 원하는 겁니다.

I've got exactly what you need.

这正是你要的。

Zhè zhèng shì nǐ yào de.

가격은 관계없습니다.

The price is not important.

价钱无所谓。

Jiàqián wú suǒ wèi.

좀 보여주세요.

Let me have a look.

给我看看。

Gěi wǒ kànkan.

포장할까요?

Shall I wrap it up for you?

要包上吗？

Yào bāo shàng ma ?

제안에 감사드립니다.

Thank you for your suggestions.

谢谢你的建议。

Xièxiè nǐ de jiànyì.

감사합니다, 또 오세요.

Come again. Thank you.

谢谢，欢迎再次光临。

Xièxie，huānyíng zàicì guānglín.

어떤 것을 찾나요?

What kind are you looking for?

你在找什么样的？

Nǐ zài zhǎo shénmeyàng de ?

너무 평범해요.

It's so common.

太普通了。

Tài pǔtōng le.

디자인도 금년에 가장 잘 나가는 겁니다.

The design is our best seller this year.

款式也是今年最畅销的。

Kuǎnshì yě shì jīnnián zuì chàngxiāo de.

색깔도 당신에게 맞아요.

The color also suits you.

颜色也非常适合你。

Yánsè yě fēicháng shìhé nǐ.

피팅룸은 저기 있습니다.

The fitting room is right over there.

试衣间在那边。

Shìyījiān zài nà biān.

걸어보시고 느껴보세요.

You could walk around and see how they feel.

走走看，感觉一下。

Zǒu zǒu kàn，gǎnjué yīxià.

도움에 감사드립니다.

Thank you for your help.

谢谢，你的帮助。

Xièxie , nǐ de bāngzhù.

Track 28

멋져보여요!

You look great!

看起来很棒！

Kàn qǐlái hěn bàng !

손으로 세탁하는 것이 제일 좋습니다.

It's better to wash it by hand.

最好用手洗。

Zuì hǎo yòng shǒu xǐ.

저자 · 남궁양석

경기대학교 중어중문학과 졸업
한국외국어대학교 중국어과 석사
고려대학교 중어중문학과 박사
(현) 한국관광대학 관광중국어과 교수

저서 : 중국어백화점〈1997〉, 중국어기초문법(공역)〈1997〉
실용중국어 현대어법(번역)〈1998〉, 니하오중국어 입문코스1~4(공저)〈2002〉
알짜 & 짤막 중국어회화(공저)〈2004〉, 중국의 언어와 문화(공저)〈2006〉
한국인에게 중국어를 어떻게 가르칠 것인가(공역)〈2006〉, 관광중국어(한국편)(공저)〈2008〉
현대 중국어 어순의 정보구조와 초점〈2008〉, 포인트 중문법〈2010〉

저자 남궁양석
3판 1쇄 2026년 3월 1일 발행인 김인숙 발행처 (주)동인랑
Editorial Director 김인숙 Designer 김미선
Printing 삼덕정판사

139-240
서울시 노원구 공릉동 653-5
대표전화 02-967-0700
팩시밀리 02-967-1555
출판등록 제 6-0406호
ISBN 978-89-7582-700-6

인터넷의 세계로 오세요!
www.donginrang.co.kr webmaster@donginrang. co. kr

동인랑 에서는 참신한 외국어 원고를 모집합니다.